SCRITTORI ITALIANI

# FRANCESCO ONGARO

# L'UOMO CHE CAMBIÒ I CIELI

CAIRO EDITORE

ISBN 978-88-6052-075-3

I EDIZIONE: FEBBRAIO 2007

# L'UOMO CHE CAMBIÒ I CIELI

# I

Io *non parlo come scrivo, io non scrivo come penso, io non penso come dovrei pensare, e così ogni cosa procede nella più profonda oscurità.*

Da una lettera di KEPLERO a MÄSTLIN

Non esco da settimane. Quando la vita ti precipita addosso, non ti concede scampo. La luce della candela affonda fievoli tralci nella dura tenebra, guida lo sguardo nell'oltretempo, alla linfa della terra. L'illusorio silenzio s'infrange tra i gemiti della casa, dentro all'eterno riassetto delle sue articolazioni maltrattate dai venti e dall'incuria. Il sibilo della fiammella sullo stoppino si scompone nel raschio del pennino sui fogli. Il pagliericcio, dove mi distendo a riposare le poche ore nelle quali il sonno si sostituisce alla mia veglia balbuziente, emana un odore vegetale di decomposizione ripudiata. Dalla sua monacale sobrietà promana un che di insalubre. Forse ha assimilato l'odore del mio corpo macerato, o forse l'odore della mia età estenuata. Al buio gli odori diventano più acuti, si fanno dominanti, hanno contorni precisi. Alla luce del sole invece sfumano, perdono compattezza. La luce disvela e mistifica perché dispensa un ardore che eccita e confonde.

Mi sono risolto a scrivere perché tutto è compiuto e l'ombra lunga della morte calpesta da settimane il mio sentiero. Tossisco. La fiammella della candela oscilla. Gli occhi mi dolgono. Me li strofino con la mano libera. Non immaginavo che ricordare richiedesse fatica e dolore. Esistono ama-

9

rezze che si formano per accumulo e poi dilagano, diventano incontenibili, agiscono come un veleno somministrato con oculatezza da mano esperta.

Il vento si appropria delle stanze vuote, introducendosi attraverso fessure e squarci, sfruttando ogni minimo spiraglio; dove il terreno spiana corre verso l'Øresund, trascina la bruma, scuote i cespugli, scompone la superficie degli acquitrini e delle vasche per i pesci mezze interrate. Un tempo, qui sotto, nel ventre della casa, non si percepiva il fischio del vento. Il solo rumore era quello del fuoco, incessante e monotono. Le fornaci restavano accese giorno e notte, la legna non si esauriva, imbarcazioni la trasportavano dalle foreste della costa, e ovunque era rumore di febbrili attività, di inesausto movimento. Ora le aperture dei forni sono bocche vuote, senza denti, orifizi che vomitano un soffio gelido, alito di morte. Tutto è intaccato dalla lebbra della distruzione. La fattoria è crollata, la cartiera è stata abbattuta, la fucina depredata, le dighe si sono aperte, gli orti e i frutteti sono incolti. La casa è un guscio vuoto che tutti hanno abbandonato. Odo animali camminare negli angoli e, poco dietro, il passo dei predatori che li cacciano. Sono i soli a percorrere i corridoi gelati, le stanze spoglie che riecheggiano i suoni. A volte fantastico che siano il riverbero di passi lontani che hanno forzato le onde del tempo, il rimasuglio di suoni antichi rimasti prigionieri dentro al lento perimetro dei muri, incapaci di trovare una via d'uscita. Dove sono Flemløse, maestro di letture, dove Sophie ed Erik, maestri d'alchimia, e Morsing, il compilatore del libro del tempo? Dove Gellius, Longomontano, Gemperle il pittore e Labenwolf il costruttore di fontane? E la vecchia Live, la silenziosa Kirsten, l'altera Elizabeth, l'astuto Tengnagel, la bella Magdalene? Le loro voci e le loro risa non si rincorrono attorno alla tavola imbandita, il loro assorto silenzio non scivola dentro le pagine aperte dei libri, il loro sguardo non si leva ai cieli con ansia indagatrice. Sussistono nell'imperfezione della memoria come figure affievolite che si muovono con passi che hanno perduto ogni vigore. Alcuni sono partiti per un viaggio che non ha ritorno e covo nell'animo una pungente invidia per la loro sorte: ai loro occhi non è toccato conoscere la rovina dopo lo splendore.

Il passato scorre in un suo alveo ben definito senza debordare mai.


Per lunghi anni mi sono illuso che la mia presenza fosse sufficiente a evitare la distruzione, che le mie pratiche alchemiche e i miei elisir bastassero a trattenere il rancore degli abitanti, che la mia volontà servisse a continuare un lavoro che nessuno mi ha mai affidato. Un uomo si affanna per generare solo tracce destinate a scomparire, tracce che segnano il mondo solo per momenti brevi e inconcludenti. È impotente, perché nulla può contro il deperimento che lo consuma giorno dopo giorno.

Hans si aggira nei dintorni, mi porta qualche rara volta del cibo, cerca di intuire le mie condizioni di salute, però rimane sulla soglia, in cima alla scala. La vista del mio corpo deformato credo gli provochi ribrezzo. Mi teme per un malcelato senso di superstizione, per lontane parole che un giorno, in sua presenza, scambiai con la madre. Altrimenti mi avrebbe già calpestato. Non è certo uomo che si lasci ostacolare da un nano. Gli avanzi che depone all'ingresso salgo a prenderli quando sono certo che non può scorgermi. La sua finta pietà non m'inganna, è una forma di elemosina che ho già sperimentato. Appena si allontana sparla di me, racconta che faccio malefici, che nel buio dei sotterranei pratico ogni genere di stregoneria. Se un essere immondo e deforme è latore di tanta sapienza, è solo perché ha stipulato un patto con il diavolo, sibila nelle assemblee pubbliche all'orecchio del pastore

11

e del balivo. Perché dovrei indignarmi? È il degno comportamento del figlio di una meretrice, che ha avuto in dote questa terra per il solo privilegio d'essere stata una delle puttane del re; una delle tante, invero, e nemmeno tra le favorite. Come l'alterna fortuna che domina il mondo innalza e distrugge seguendo il proprio impenetrabile capriccio! I comportamenti degli uomini rivelano, più delle parole e dell'ipocrisia alla quale si sottomettono, la meschinità che alberga nel loro cuore.

È anche merito delle maldicenze di Hans se gli abitanti dell'isola hanno maturato nei miei confronti una diffidenza che, in una certa misura, giustifico. È la comprensibile diffidenza verso chi è stato nelle stesse condizioni, anzi era bersaglio del pubblico disprezzo, e poi ha imparato il latino e a studiare i cieli e ha avuto accesso a ciò che era impensabile. La loro parlata rauca e insicura, dissonante negli accenti terminali, che ben si accosta alla lentezza del loro pensare, tradisce il timore e l'astio che gli anni hanno imputridito.


Hanno iniziato a demolire l'ala settentrionale, dove stavano la cucina e il pozzo che scendeva nella terra come una ferita mai chiusa. Di giorno sento i rumori delle pareti che crollano, delle pietre che si frantumano incuranti. Le pietre possiedono una rassegnazione che le rende eterne, si lasciano prendere e portare via senza opporre resistenza. Hanno un'anima minerale di Zolfo e Mercurio forgiata dal fuoco dei secoli che ha precipitato la materia in una forma definita, sono immagine della Grande Opera macerata dal calore latente dell'athanor. Niente le può veramente scalfire o spezzare.

Hans vuole costruire una nuova dimora solo per sé e la sua famiglia, e non gli importa di chi c'era prima di lui, di ciò che abbatte per edificare la suprema allegoria della propria arroganza. È il nuovo signore, e i nuovi padroni seppelliscono i vecchi molto in fretta, cancellandone i resti e anche i ricordi. La sua dimora sarà il simbolo del suo potere, così come Uraniborg è stata il simbolo del potere di Tycho. Ma si tratta di poteri diversi, fondati su modi diversi di intendere la vita e il pensiero. Non credo nemmeno che Hans sia in grado di capire quale centro del sapere per l'intera Europa siano state quest'isola minuscola e questa casa. A nulla giovano torce, luci o *perspicillum* a chi non può vedere. Lo riconosco, è giusto così. Il tempo accomoda le cose, riassegna a ciascuno il proprio ruolo, spiana le asperità, riduce a insignificanti rilievi cime insormontabili. Le vicende degli uomini hanno un inizio e una fine che ben descrivono la loro limitatezza e, forse, anche la loro superbia.


Ho ricordi solo del tempo con Tycho. Gli anni con lui sono abbacinanti, quasi bianchi nel loro chiarore sfolgorante, mentre ho cancellato il resto. C'era ben poco da conservare. Di mia madre ricordo il corpo disfatto dalla fatica e lo sguardo da serva, umile e rassegnato. La povertà è un male che ti rende marginale, sostituibile, ti abitua al disprezzo altrui. Forse non ero nemmeno figlio suo, forse ero stato abbandonato e lei mi aveva amorevolmente accolto nonostante il mio aspetto ripugnante. Nelle lunghe notti delle mie osservazioni solitarie mi sono perfino immaginato creatura nata da Tycho, dal rigonfiamento di una sua costola, da una pustola del suo corpo. E a questo parto innaturale ho anche attribuito la mia deformità, la gobba che mi crocchia sulla schiena, il corpo da nano, il mio aspetto ridicolo. Un buffone. Chi nasce deforme è condannato a una vita deforme, esasperata nel bene e nel male, nel tragico e nel ridicolo.

\*

13

*Indossa un'uniforme rossa ed è fermo in mezzo al grano, la sciabola nella mano sinistra, le brache strappate vicino a un ginocchio. Il vento si muove tra le spighe anticipandone gli scarti. Il rosso dell'uniforme, il giallo del grano, l'azzurro del cielo. Colori nitidi e distinti, ciascuno con una sua lustra apparenza. Una decina di cavalieri turchi avanza al galoppo urlando a squarciagola, ma senza che si riescano a sentire le loro urla. Quelle bocche guaste e spalancate sono come spelonche dilatate sull'oscurità. Le spighe di grano si spezzano sotto gli zoccoli dei cavalli lanciati. La distanza tra lui e i cavalieri diminuisce. Quando sono a pochi passi, lui lascia cadere la sciabola e allarga le braccia, esponendo il petto alle loro armi. I cavalieri lo colpiscono quasi senza spostarsi dalla sella, abbassandosi solo impercettibilmente verso il terreno. Il corpo trafitto scompare nel grano, calpestato forse dalla corsa degli ultimi destrieri. I cavalieri proseguono senza fermarsi. In un angolo, ai margini del campo, uno stormo di uccelli neri si alza in volo.*

Non ho ricordi di un padre. Se c'è stato, mia madre è rimasta sola presto, abbandonata a se stessa e all'arbitrio altrui, mai caritatevole con i deboli. Mia madre raccontava di un soldato, partito per far guerra ai Turchi nelle pianure dove il Danubio piega a meridione, verso Buda, e mai tornato. Ma nel racconto non ho mai visto un volto. Di lui mi sognai una notte d'inverno, mentre fuori la neve cadeva senza sosta e la fiamma nel camino si era quasi spenta, in mezzo ai respiri rancidi di quelli che, nella stanza, avevano occupato i posti più caldi. Fu in quel sogno che lo vidi per la prima e unica volta, di spalle. Vidi la sua morte, reale o fittizia non saprei. Ci sono cose che so senza che nessuno me le riveli. Le vedo nei sogni o negli occhi delle persone. È una sapienza che non serve, ma incute timore e soggezione. In altri luoghi, ho appreso nel corso della vita, ci sono uomini che hanno scontato tra le fiamme la stessa sapienza che nessuno di loro ha mai desiderato possedere. «Hai il dono» disse mia madre quando lo scoprì «come tua nonna, come la nonna di tua nonna. Ha sempre saltato una generazione.» Negli anni ho imparato soprattutto a tacere, a tenere per me la vista di giovani che rivelavano le loro sorti o anziani che mostravano il peso di ferite passate. Ho lasciato che le cose accadessero, che vi assistessi da testimone invisibile, come se le riconoscessi dentro un sogno dalla consistenza solo un po' più reale. Era l'unica maniera per non restarne schiacciato. E ho anche imparato che la conoscenza, fatta di misure, deduzioni e continuo lavoro che perseguiva Tycho, aveva nel cuore lo stesso vizio, lo stesso errore di qualunque forma di conoscenza, perché è comune a ogni sapienza la mancanza di completezza. Ciascuna affina mezzi per portare alla luce la minima parte di vero contenuta in ogni errore e l'insopprimibile porzione di falso annidata dentro ogni presunta verità.

Anche se gli occhi ormai mi ingannano e vedo ombre persino dove la luce è più vivida, non mi scoraggio. Scrivere è una fatica che la vista sopporta a stento, ma non posso venir meno al compito che mi sono prefisso. Nella quiete di certe notti, quando il mare dello stretto sciama indolente, ho l'impressione di percepire il cigolio delle sfere dell'universo, ma è un'illusione. Non ci sono sfere rotanti nell'universo, solo vuoto desolante e perdizione. L'ho visto e ne posso scrivere, ne posso descrivere l'algida estensione, il calcinante biancore che attanaglia le viscere di chi lo guarda. Ho perso gli occhi dentro a quel niente indistinto, ho perso l'anima.

Scrivo. Il pennino scorre rigo dopo rigo, i pensieri sono acqua che sgorga da una fonte profonda, inarrestabili. La candela si consuma e consuma la poca vista che mi rimane, ma non posso fermarmi. Il buio medicamentoso che mi accoglierà sarà un anticipo della morte e per quel momento tutto dovrà essere concluso. Il tempo è poco e le cose da ricordare sono molte. E i ricordi, come i metalli, si ossidano, si deteriorano, mutano la loro natura. Non ho paura. Dolce è morire sapendo di non lasciare strascichi che altri debbano completare.

# II

*Februarii die 22. Esistente in M. C.*
*ultima in capite Hydrae quae est versum ortum,*
*et sola juxta collum, apparebat visibilis*
*conjunctio* ☾ *et* ♂ *admodum partilis.*
*Observatio haec facta i. Huennae.*

Appunto di TYCHO BRAHE: prima osservazione
astronomica sull'isola di Hven

Attraversai il prato della parrocchia, calpestando il terreno dove d'estate il pastore teneva un orto, e raggiunsi la staccionata affacciata sul mare. Affondavo nella neve fino all'inguine e a ogni passo dovevo estrarre la gamba e reinfilarla un poco più avanti. La staccionata era di legno consunto, stagionato dall'umidità e intaccato dal sale e dal vento. Mi aggrappai con le due mani, nonostante il freddo. L'acqua ai piedi della scogliera rumoreggiava inquieta. Un mare grigio si agitava sotto un cielo dello stesso colore, nubi gravide di neve incombevano da occidente, un vento incostante soffiava teso e tagliente e rilasciava aliti di neve gelata. Era un tempo pessimo, ma non al punto da impedire la navigazione. Anche in inverno era raro che l'Øresund ghiacciasse completamente.

Un'imbarcazione stava facendo rotta verso l'isola. Saliva e scendeva tra le onde con ritmo regolare, scostandosi impercettibilmente dalle coste brumose dello Sjaelland, la prua indirizzata verso il punto nel quale mi trovavo. Ritornai indietro avendo l'accortezza di reinfilare i piedi nelle mie impronte. Bussai alla canonica. La facciata di pietra della chiesa di Sankt Ibb, lavorata dagli evi, pareva emergere dal manto nevoso come dalla superficie di un'acqua immobile.

Si stagliava con una lucentezza propria nei fumi del cielo opaco.

Il pastore venne ad aprire quasi subito; stava mangiando, alcune briciole di pane gli erano rimaste appiccicate a un angolo della bocca. L'uscio si chiuse lentamente alle sue spalle. Dall'interno della casa fuoriuscì uno sbuffo di tepore. Sembrava scontento della mia interruzione. Mi squadrò con occhi grigi e astiosi.

«Sta arrivando» dissi nella speranza di rabbonirlo.

Il pastore volse d'istinto il capo alla sua destra, in direzione del mare, ma non vide l'imbarcazione, nascosta dal muro della canonica. Allora tornò a guardare me. Un colpo di vento ci investì e spalancò l'uscio. Qualcosa dentro casa cadde in terra senza rompersi. La moglie del pastore disse parole che non capii. Un bambino scoppiò a piangere. Il pastore rabbrividì; nella sua cucina il fuoco era acceso e la tavola imbandita. La moglie venne a richiudere l'uscio. Il pastore arretrò di un passo, impaziente di ritornare al tepore della casa, e mi congedò: «Allora corri in paese, ragazzo, e avvisa tua madre che prepari tutto. Che la stanza sia in ordine e ben pulita».


Dopo pochi minuti riprese a nevicare. Avanzavo arrancando al centro del sentiero tracciato dal passaggio quotidiano degli uomini. La neve fresca che si accumulava dentro le impronte ghiacciate ostacolava i miei movimenti. Ragazzo, il pastore mi aveva chiamato ragazzo. Fremevo. Avevo quattordici anni, i miei coetanei lavoravano come adulti e alcuni guardavano le ragazze con occhi privi d'innocenza, immaginandosi, accesi da qualche pudica lussuria, il giorno non troppo lontano nel quale avrebbero preso moglie. Io invece ero ancora un ragazzo e avrei continuato a esserlo per sempre. La mia statura, la mia postura innaturale non mi avrebbero mai permesso di arrivare a essere considerato un adulto. Camminavo e masticavo rabbia. Ce l'avevo con la cattiveria e l'iniquità del mondo, e anche con le mie gambe da mostriciattolo che mi facevano trottare nel gelo in maniera ridicola.

Il nevischio ghiacciato, portato in giro dal vento, mi feriva il volto. Avanzavo a testa bassa. Era come se tentassi di tagliare in due correnti le folate che mi sferzavano. Il giudizio degli altri iniziava a ferirmi, a rovinarmi il sonno e il sangue, e imparavo controvoglia anche le prepotenze alle quali avrei dovuto rassegnarmi per il resto dei miei giorni.

Raggiunsi la base dell'altura di Möllebacken, sopra la quale era collocato il mulino a vento, e la costeggiai. La mole slanciata del mulino svaniva nei vortici di nevischio. Proseguii macinando la mia rabbia, infilando le mie gambette gracili nelle orme di piedi immancabilmente più grandi dei miei. Il vento mi scaricava addosso tutto il suo livido malumore e io lo ricambiavo. Avevo quattordici anni. Un'età nella quale ogni pensiero sembrava definitivo.


L'isola di Hven era circondata da chiare falesie che crollavano in acqua ai margini di un ampio e ondulato pianoro, inclinato dolcemente verso oriente e lievemente rialzato al centro, solcato dai letti, a volte aridi, di brevi e tumultuosi torrenti. Questi precipitavano dall'alto delle rocce dopo corse rapide e stagionali e contribuivano a soddisfare il bisogno d'acqua dolce di tutta l'isola. In un unico punto la costa si abbassava fino a permettere l'approdo delle navi. Nelle vicinanze di quell'approdo naturale sorgeva l'abitato di Tuna, raggiungibile per mezzo di un ripido sentiero.

A parte piccoli boschi di noccioli e ontani e alcune macchie di arbusti spinosi o di meli selvatici, l'isola era sprovvista di legna. Però questa non mancava lungo le vicine coste dello Sjaelland e della Skåne, le cui foreste fornivano il necessario per l'inverno e per la costruzione delle abitazioni.

Parte dei terreni erano coltivati dalla comunità, altri, nella zona meridionale, erano utilizzati come pascoli; tra questi si estendevano anche degli acquitrini. Quattro rovine di antichi manieri, agli estremi dell'isola, erano la traccia di un passato che più nessuno ricordava. Oltre alla chiesa e all'antica costruzione del mulino, proprietà della parrocchia, nella parte mediana dell'isola esisteva un circolo di massi, dove l'assemblea del villaggio si ritrovava per prendere decisioni che riguardavano la comunità, unitamente a un altro edificio che serviva talvolta per esercitare la giustizia. Nessuno per secoli si era presentato a far valere direttamente la propria sovranità; i fattori e i contadini si erano perciò abituati a pagare la parte di raccolto dovuta alla Corona e a considerare la terra come propria, come è spesso portato a credere chi alla terra dedica le proprie giornate e la propria fatica.

Raggiunsi le prime fattorie del villaggio, immobili nel silenzio del paesaggio innevato. Esili colonne di fumo grigio uscivano dai tetti di paglia e si allargavano a ventaglio, stazionando sopra le abitazioni. Entrai nella fattoria attraverso gli orti e il frutteto e raggiunsi il cortile passando accanto al mucchio del letame. Lo strato della neve appena caduta aveva sepolto quasi tutti i camminamenti. Passando vicino alla stalla e alla scuderia mi accorsi che gli animali erano inquieti, forse sentivano ancora la bufera che stava lentamente scemando. Un forcone e altri attrezzi da lavoro erano stati appoggiati accanto all'ingresso del granaio, nei pressi di un carretto vuoto. Avanzai rasente i muri, avevo i vestiti bagnati. Trovai mia madre occupata a preparare la minestra. Tagliava verdure su un tavolo, accanto al fuoco, sul quale stava a bollire un paiolo d'acqua. Il vapore si levava dal paiolo in spire sottili e saliva verso l'apertura nel tetto, circondata da travi annerite. Su alcune scansie riposavano contenitori con del latte a cagliare, mentre da un angolo del soffitto pendevano alcuni prosciutti per la stagionatura. Lungo le pareti correvano ampie panche dove i servi e i contadini che lavoravano nella fattoria trascorrevano la notte. Erano i posti che spettavano a chi aveva faticato la giornata. I bambini, le donne e i vecchi dovevano invece accontentarsi del pavimento di terra battuta; gli anziani più vicini al focolare nel centro della stanza, gli altri più distanti.

Mia madre mi guardò e si asciugò con la mano la fronte sudata, sistemandosi contemporaneamente la cuffia sulla testa. Il suo volto era carico di una stanchezza posata per accumulo sul suo corpo smunto, i cui contorni erano ormai quasi indistinguibili sotto la stoffa del vestito liso.

«Sei tutto bagnato» mi disse.

Io entrai nella stanza e richiusi la porta.

«Sta arrivando. Il pastore mi ha mandato ad avvisarti.»

«La stanza è già pronta. La signora padrona mi ha fatto preparare la stanza che guarda il frutteto.»

Era la stanza più calda, quella riservata agli ospiti più importanti.

«Adesso asciugati, che poi ho delle cose da farti fare.»

Mi sistemai su uno sgabello, accanto al focolare. Mia madre riprese a tagliare la verdura. La guardai. Il pallore del suo viso, le sue mani sciupate, i suoi abiti raccontavano la nostra miseria. Se io non fossi stato quello che ero, avrei potuto essere un aiuto e non un peso da trascinare. Nel silenzio della stanza si udiva appena il lento gorgogliare dell'acqua nel paiolo, il crepitio delle fiamme e il colpo secco del coltello che colpiva il legno del tavolo dopo aver tagliato un pezzetto di verdura. Dopo qualche minuto dai miei vestiti si sollevò un vapore tenue, simile a quello che saliva dall'acqua della minestra.

*

Mi ero appisolato. Mia madre mi svegliò scuotendomi per una spalla. La verdura per la minestra era dentro al paiolo e lei stava rimestando il tutto. L'acqua aveva cessato di gorgogliare. Mi mostrò un secchio colmo di avanzi e disse: «Quello dallo ai maiali, poi vai al pozzo e portami altra acqua. Io non ce la faccio, ho troppo dolore alla schiena».

«È arrivato?» chiesi.

«Stavi dormendo. Non ti ho svegliato.»

«Adesso dov'è?»

«È uscito.»

Un po' me ne stupii. «Con questo tempo!»

«Gliel'ha detto anche il signor padrone, ma lui ha risposto che era venuto per vedere la sua isola e non per starsene chiuso in casa.»

«La *sua* isola?»

Mi madre annuì. Io raccolsi il secchio con gli avanzi e mi avviai alla porta.

Prima che fossi fuori, mia madre aggiunse: «Non è venuto solo. C'è un servo con lui. Questa notte dormirà con noi».


Vuotai il secchio dentro al recinto dei maiali, che si contesero gli avanzi grufolando. Poi andai al pozzo, nella piazza al centro del villaggio. Al pozzo non c'era nessuno. Soffiava un vento gelido che stava portando via le nuvole gonfie di neve. Qua e là, nel cielo prossimo al crepuscolo, si intravedevano sprazzi di sereno.

Per agganciare il secchio alla carrucola e calarlo, fui costretto a issarmi sul bordo di pietra. Il secchio scese veloce e colpì come uno schiaffo la superficie dell'acqua buia. Lo tirai su lentamente, lo depositai sul bordo e saltai a terra. Il secchio era troppo pieno e, levandolo dal bordo, mi rovesciai un po' d'acqua addosso. Imprecai tra i denti.

Sentii una risata femminile alle mie spalle e una donna che diceva: «Devi starci più attento, ragazzo».


«Metti lì e prendi questo.»

Appoggiai il secchio in un angolo.

«Che cos'è?» chiesi.

Mia madre rispose: «Portalo a lui. Non ha mangiato niente per l'intera giornata».

Sul vassoio che mi porgeva c'era un piatto di minestra fumante.

«È in camera?»

«È là da qualche minuto.»

Presi il vassoio e uscii. Nella stanza principale incontrai il padrone, seduto in capo al tavolo. La stufa diffondeva un tepore piacevole, la fila di finestre che correva lungo parete, sopra il tavolo al quale il padrone era seduto, era chiusa da vetri piombati. Fuori era notte. Era diventato buio in fretta.

Il padrone mi guardò. Io mi fermai. Per un attimo la sua attenzione si concentrò sul piatto fumante sopra il vassoio, poi mi fece cenno d'andare. Mi mossi verso la stanza attigua.


Bussai. Nessuno rispose. Spinsi con il vassoio contro l'uscio e questo si aprì. Entrai. Vidi un uomo, vestito elegantemente, di spalle, in piedi davanti alla finestra rivolta verso il frutteto. Nonostante la stufa, la stanza era ghiacciata. Il gelo notturno entrava a sprazzi attraverso la finestra spalancata; eppure l'uomo pareva non accorgersene. Guardava il cielo, manovrando uno strumento di legno in direzione delle stelle. Non badava al freddo e nemmeno si era accorto della mia presenza. Rimasi in piedi in silenzio, pochi passi dietro di lui, aspettando che mi notasse.

Finalmente depose lo strumento dentro a un bauletto e

chiuse la finestra. Quando si voltò, mi vide. Non disse niente, ci studiammo. La mia e la sua deformità balzarono agli occhi di entrambi. Due deformità differenti si riconoscono immediatamente. Il mio corpo minuscolo, ridicolizzato dalla gobba e il suo naso sghembo, segnato da una cicatrice che lo deturpava. Restammo in quella posizione per alcuni istanti, poi lui si mosse, raggiunse il letto, raccolse qualcosa e se la portò al viso. Quando tornò a guardarmi, al posto della cicatrice aveva un naso nuovo, di metallo dorato e lucente, che brillava nel riverbero delle candele accese.

«Che cosa vuoi?» chiese all'improvviso. La sua voce era densa e profonda, la voce di una persona abituata al comando.

«Vi ho portato qualcosa da mangiare.»

«Posalo lì.»

Appoggiai il vassoio dove mi aveva indicato. Nel frattempo la zuppa si era raffreddata. Incrociai il suo sguardo incuriosito.

*Lui sta ancora dormendo quando arriva il messaggero del re. Gli zoccoli del cavallo sul selciato del cortile producono scintille, il messaggero ha sfiancato la sua bestia per miglia e miglia. L'alba è vicina, ma è ancora notte. Nel cielo brillano solitarie le stelle del mattino. Un servo lo sveglia e gli consegna la lettera, le mani gli tremano. Lui rompe i sigilli reali e la legge. Arriva in fondo rapidamente. La legge una seconda volta, per essere sicuro di non sbagliare, poi ordina che gli portino i vestiti e che preparino la sua carrozza. È l'alba quando lascia il palazzo, il cielo a oriente sfuma dentro un'iridescenza biancastra. Le stanze del castello di Knutstorp, tranne quella di sua sorella Sophie, sono tutte buie. In poche ore raggiunge il mare. Al porto c'è un vascello che lo aspetta. Sale a bordo e l'imbarcazione si stacca dal molo. La traversata è breve, il vento è favorevole, la barca taglia sicura le onde. Lui siede a poppa, al riparo degli schizzi d'acqua salmastra, e rilegge la lettera con la quale il re lo ha convocato. Al ter-*

*mine della traversata trova un cavallo e alcuni soldati della guardia reale che gli fanno da scorta. Cavalcano nella foresta, scendendo lungo la costa, senza mai perdere di vista il mare. Il sentiero si addentra negli odori del sottobosco come in una tana ospitale, le nuvole di fiato dei cavalli si mischiano a quelle dei cavalieri. È pomeriggio inoltrato quando smonta da cavallo. Ibstrup è un edificio basso e ospitale. Un ciambellano di corte lo riceve e lo guida in una piccola stanza dove hanno acceso un fuoco. Lui si scalda un po'. Il riverbero delle fiamme illumina le pareti. Dopo pochi minuti il ciambellano di corte lo convoca in un'altra stanza, più grande di quella in cui ha atteso. C'è anche più luce; le vetrate affacciano sulla foresta e il fuoco è acceso. Il re è in piedi accanto al camino, gli fa segno di raggiungerlo. Le pareti sono decorate con scene di caccia. Lui avanza e pensa che d'estate, quando le finestre sono spalancate, i rumori della foresta arrivano dentro al cuore di quella stanza. Il re gli dice: «Tycho, figlio nostro, ti stavamo attendendo». Le sue braccia sono aperte, come ali di una divinità nel mezzo del volo. Tycho si inginocchia, il re lo fa alzare. Il re dice che la famiglia dei Brahe gli è molto cara, che ricorda il sacrificio di Jörgen, che lo ha salvato dall'acqua gelata, dentro alla quale era caduto, a costo della propria vita. Tycho ascolta in silenzio. Il re sorride e dice che gli è stato riferito che vuole partire, lasciare la Danimarca per cercare un luogo dove potersi dedicare completamente alle proprie ricerche scientifiche. Tycho non risponde, guarda il re e guarda il fuoco. Il re dice che due giorni prima, mentre stava visionando i lavori del castello di Kronborg, ha rivolto lo sguardo al mare, ha scorto il profilo dell'isola di Hven e ha subito pensato a lui. Il re dice anche che Tycho deve restare per dare lustro al suo regno, che l'isola potrebbe essere il luogo ideale per condurre le sue ricerche, che il tesoro della Corona è disposto a finanziare la costruzione di una dimora adatta ai suoi natali e ai suoi scopi.*

\*

«Perché mi guardi in questa maniera?»

«Come?»

«Smettila di fissarmi.»

Chinai la testa. «Mi perdoni, signore.»

«Quanti anni hai?»

«Quattordici.»

Si grattò una guancia. Due lunghi baffi biondo-rossicci gli scendevano ai lati della bocca. «Sei quasi un uomo» disse. Senza ironia, senza volontà di deridermi.

«Non sei curioso di sapere che cosa stavo facendo davanti alla finestra aperta?» mi domandò inaspettatamente.

«Sì» risposi io, arrossendo per la mia impudenza.

Lui, guardando il bauletto dove aveva appena deposto lo strumento, mi spiegò: «Adoperavo un sestante per misurare la distanza tra la luna e una stella errante».

Avrei voluto chiedergli altro. Che cos'era un sestante? Che cos'erano le stelle erranti? Perché misurava quella distanza? Perché raffreddava la stanza più calda della casa per osservare il cielo? Che senso c'era in quel suo agire?

Lui non aggiunse altro, prese il piatto di minestra fredda dal vassoio e iniziò a mangiare. Io mi considerai congedato, feci un accenno di inchino e mi allontanai. Giunto sulla soglia però, prima di uscire, mi bloccai e, girandomi, chiesi d'un fiato: «Chi era Jørgen, morto per salvare il re?».

# III

*Stando a quanto per tradizione è passato
dagli uni agli altri, appare che l'ultimo cielo
non ha subìto alcun mutamento, né nel suo
insieme, né in alcuna delle parti ad esso proprie.*

ARISTOTELE De Caelo

Il balivo e il pastore convocarono un'assemblea della comunità. Dissero che avrebbe partecipato anche il nobile Tycho, ma il motivo della convocazione rimase misterioso. Si faceva ogni genere di ipotesi. Ne avevano discusso le donne al pozzo, ne avevano discusso gli uomini all'osteria o agli angoli delle strade, ne discutevano i contadini e i fattori, ognuno tra i suoi pari. Ma non era emerso niente che nessuno già non sapesse o non avesse visto con i propri occhi in quelle settimane di disgelo. Tycho, dal giorno della sua prima visita, era tornato più volte. Aveva perlustrato accuratamente l'isola e, dopo che la neve si era sciolta, aveva piantato dei piccoli pali di legno nella sua parte centrale, in presenza di un'altura di pochi piedi danesi, delimitando un'area che apparteneva alle terre coltivate in comune. Era un suo diritto, ma la cosa aveva dato vita a non pochi mugugni. Qualcuno non faceva segreto del proprio malumore per un sopruso che andava contro abitudini che si perdevano nel buio dei tempi andati e sosteneva che avrebbe approfittato dell'assemblea per palesare la propria disapprovazione. Nel frattempo approdavano quotidianamente imbarcazioni provenienti dalla costa che scaricavano legname e altro materiale da costruzione. Ma a che servivano? Nessun nobile si era mai sognato di vivere sull'isola.

Mia madre mi fece indossare il vestito buono; un vestito da bambini, perché non c'erano soldi per confezionarne uno da uomini della mia misura. Mi aiutò a infilare la blusa dalla testa e mi riempì di mille raccomandazioni, come se avessi avuto cinque anni. Come potevo pretendere che gli altri mi considerassero adulto se anche mia madre continuava a trattarmi da bambino?


All'ora convenuta tutto il villaggio era all'interno del circolo di massi, accanto all'edificio che fungeva da tribunale. Tycho si presentò con un seguito di alcuni servi, accompagnato da una donna in abito grigio, con i polsini e il collo di pizzo chiaro, e da un cancelliere notarile. La donna avanzò tra la folla con passi vaghi e si sedette su una pietra bassa, accomodandosi accuratamente la lunga gonna. Tycho prese posto in piedi, alle sue spalle. Al suo fianco si allinearono il parroco, il balivo e i fattori più importanti dell'isola. Questi ostentavano folte barbe, alla maniera contadina, e indossavano lunghi calzoni, bluse dal bianco collare a gorgiera e alti cappelli dal bordo stretto, di colore scuro. Tycho invece vestiva come si confaceva a un nobile di Danimarca, con stivali, calzoni alla zuava, spada al fianco, veste ricca di bottoni, camicia di lino, corta mantellina dal collo alto e berretto adorno di piume. Subito fu evidente che solo la sua maniera di vestire erigeva una barriera insuperabile tra lui e i presenti. Per l'intera durata dell'assemblea, tra l'altro breve e povera di polemiche, non pronunciò parola. Si limitò a rimanere in piedi, accanto alla donna vestita di grigio, lasciando che altri parlassero per lui, che altri dicessero ciò che andava detto. Come un signore, nell'esercizio del proprio potere, non si abbassò a discutere di dettagli o a mettere in dubbio decisioni che erano state irrevocabilmente prese in altri luoghi, da altre persone. Il distacco, che impose da quella prima assemblea, era il segnale di un radicale cambiamento nella vita di tutti.

Mia madre si tenne in disparte, ai margini del cerchio di pietra, insieme alle donne e ai contadini che lavoravano nella fattoria. Per tutto il tempo non levò gli occhi da terra e non guardò in viso nessuno. Nessuno, del resto, le rivolse parola. Il nostro padrone aveva preso posto vicino a Tycho, con tutti gli altri fattori. I bambini si rincorrevano e lottavano nel prato, noncuranti dei vestiti buoni che le madri li avevano obbligati a indossare. Uccelli neri volavano alti nel cielo azzurro. Le donne indossavano bluse dalle maniche lunghe e vesti di lana colorata con ampi grembiuli. Solo le maritate si coprivano il capo, le più giovani avevano lunghe trecce che ricadevano sulle schiene robuste.

Mi feci largo tra la folla. Attirava la mia curiosità la donna accanto a Tycho. Il suo volto aveva un'espressione assorta, emanava una luce che possedeva lo stesso freddo e incorruttibile splendore delle stelle; gli occhi chiari e silenziosi, la bocca piccola, segnata da labbra incolori, i denti allineati come tante perle. L'austera dignità che le conferiva l'abito privo di orpelli contrastava e nello stesso tempo perfezionava l'eleganza di Tycho. Le mani posate sulle ginocchia, il volto stretto nella cuffia bianca, gli occhi che si spostavano dalle sue mani ai volti degli astanti senza lasciar trasparire finta umiltà, le pieghe del vestito che celavano il petto minuscolo. Tutto in lei, ogni gesto e ogni posa, sprigionava un senso di composta appartenenza, una consapevolezza del proprio ruolo e della propria vita che si traduceva in una sorta di serenità che irradiava intorno.

Mi avvicinai spingendo, strisciando tra le gambe di chi non voleva lasciarmi passare. Qualcuno mi assestò anche un paio di calci, ma non mi fermai fino a quando non fui il più vicino possibile a lei, la sola che in quella folla mi paresse degna di attenzione. Tycho si accorse di me, forse mi riconobbe. La luce radente del giorno creava riflessi di metallo sul suo naso, ma io non avevo occhi che per quella donna sulla cui spalla lui, con un movimento quasi invisibile, forse inconscio, aveva posato la mano.


*La parrocchia sorge accanto al bosco. La gente arriva alla funzione sbucando da sentieri invisibili, smarriti nell'erba o nel fogliame. La chiesa si riempie in fretta, famiglie di contadini compaiono come per incanto dal nulla. Fili di fumo si sollevano sopra l'intrico dei rami del bosco. Lei è sempre vestita sobriamente, con abiti dal collare di pizzo e la cuffia bianca, anche se non è ancora sposata. L'opposto delle contadine, coi corpi segnati dalle gravidanze, compressi dentro ai loro abiti sgargianti, oppure con i capelli al vento, fermi in trecce o altre acconciature, e il volto dalle guance rubizze sempre pronto al riso.*

*Kirsten, la chiama il padre, siedi qui. Lei obbedisce di malavoglia. Il posto è vicino al banco dove siederà Tycho con la madre e le sorelle, accanto agli stemmi degli antenati dei Brahe. Non è posto per lei, non è posto per la figlia di un pastore. Ha visto il castello di Knutstorps, con il maestoso ponte levatoio, il lago popolato di cigni, il cortile circondato da quattro file di edifici, i tetti spioventi, i frontoni scalinati e ne ha avuto timore. A Kirsten piace quel giovane nobile, dal portamento fiero – così diverso dagli altri giovani della sua età, quelli che Kirsten sente schiamazzare dopo la funzione – ma ne è anche intimidita. È cosciente della differenza che li separa, anche se alla domenica lui siede nel banco poco distante da lei e ogni tanto la guarda, però nei pochi minuti nei quali si rivolgono la parola ne è conquistata. Tycho le parla del cielo, dei suoi studi di alchimia, dell'abbazia di Herrevad, oltre le colline circondate dal bosco, dove si reca quotidianamente per seguire le sue ricerche. C'è un entusiasmo nella sua voce, quando racconta dei suoi studi, che lei non ha mai incontrato in nessuno.*

*Sua madre gli dice di lasciar perdere i suoi interessi scientifici, degradanti per un nobile che ha compiti di governo, e lo invita anche a non perdere tempo con ragazze come Kirsten, che non hanno nulla a che vedere con la casata dei Brahe, ma Tycho non segue i suoi consigli. Kirsten gli piace per il modo che ha di guardarlo, per come sa ascoltare in silenzio, per come si veste e si comporta. La sua testa è piena di vecchie storie di nobili cavalieri che sacrificano le loro giovani vite per bellissime dame.*

*Quando lui glielo chiede per la terza volta, Kirsten accetta di vederlo, di nascosto, in una radura del bosco. Si incontrano che è quasi buio. Il freddo di novembre li costringe ad abiti pesanti. Quando si incontrano, sono accaldati per il cammino. Lui è agitato, sembra non capire più niente. Le parla di una nuova stella apparsa in cielo da un giorno all'altro, nata dal nulla, le parla di Aristotele e dell'immutabilità dei cieli che per la prima volta viene negata. Le dice che dovrà ritornare all'abbazia, che la notte è serena, propizia per nuove misure. Lei lo ascolta senza fiatare, le ombre notturne offuscano presto l'intrico dei rami. Prima di ripartire lui la bacia. Un bacio rapido, di circostanza; lei non coglie nemmeno il calore delle sue labbra e lui non smette un secondo di pensare alla nuova stella.*

Il cancelliere notarile avanzò di un passo e srotolò una pergamena dopo aver spezzato davanti al pastore e al balivo i sigilli reali con gesto teatrale. Il suo vestito nero metteva in evidenza il pallore del viso concavo, abituato alle atmosfere viziate dei luoghi chiusi, alle polveri degli archivi. Era quasi con una smorfia di disgusto che esercitava, senza esserne avvezzo, al sole e all'aria aperta.

Interrompendo il fragile silenzio dei presenti, intimoriti da quel cerimoniale estraneo, il cancelliere proclamò: «Noi, Federico II, rendiamo noto a tutti gli uomini, che con il nostro speciale favore e grazia abbiamo conferito e accordato in feudo, ed ora per mezzo di questa lettera aperta conferiamo e accordiamo in feudo, al nostro diletto Tyge Brahe, figlio di Otto, di Knutstorps, nostro uomo e servo, la nostra terra di Hven, con tutte le proprietà e gli affittuari e i servi della Corona che laggiù risiedono, con tutte le rendite e i beni che da essa ne derivano e sono dovuti a noi e alla Corona, e la possegga, ne goda, la usi e la tenga, privo d'obblighi e liberamente, senza affitto alcuno, tutti i giorni della sua vita, tanto lungamente quanto vivrà e desidererà continuare a seguire i suoi *studia mathematices,* ma in modo che tratterà gli affittuari che laggiù vivono secondo la legge e il diritto, e non danneggerà nessuno di loro contro quanto affermato dalla legge o introducendo nuovi obblighi o altre tasse inusuali, e in tutto questo resterà fedele a noi e al regno, e si preoccuperà del nostro benessere in ogni maniera e difenderà il regno dai danni e dai pericoli che lo minacceranno. Deciso in Frederiksborg il XXIII giorno del mese di maggio dell'anno 1576».


Il balivo aggiunse che Tycho avrebbe presto edificato una fattoria per sé fino a quando non sarebbe stata pronta una dimora degna del suo rango e della sua nobile persona, nella quale avrebbe abitato negli anni a venire, esercitando sull'isola e i suoi abitanti i propri diritti di feudatario. Un brusio percorse l'assemblea, ma nessuno si oppose, nemmeno chi nei giorni precedenti aveva giurato di protestare contro l'usurpazione delle terre comuni. La folla si disperse in poco tempo. Le donne per prime, richiamando i figli dai prati, e gli uomini subito dietro, incolonnati verso il villaggio, la testa bassa e le mani dietro la schiena, rimuginando parole amare.

\*

Le navi nelle acque grigie e verdi dell'Øresund avevano gettato l'ancora in attesa di pagare il pedaggio reale e ripartire per le loro destinazioni. Navi cariche di barili di aringhe affumicate, di legname delle foreste della Skåne, di grano del Baltico, di tessuti delle Fiandre, di sale estratto dalle miniere di Wieliczka e di Bochnnia.

Sull'isola, i diritti feudatari rivendicati da Tycho avevano generato scontento. Alcuni tra i più giovani, dopo l'assemblea, partirono, credendo di trovare meno ingiustizie altrove. Pochi ritornarono, della maggior parte non si ebbero più notizie. Forse perirono, forse fecero famiglia e fortuna senza desiderare di dar più notizia di sé.

Presto ci fu però una seconda lettera regale che proibì ai contadini anche di lasciare l'isola, per non privare Tycho di preziosa manodopera. Il re si era schierato definitivamente dalla sua parte. Tutti si rassegnarono così a cedere una quota del raccolto al nuovo signore e a concedergli due giornate settimanali di lavoro dall'alba al tramonto, perché così era il volere della Corona e al volere del più forte, da quando il sacro piede di Adamo aveva calpestato per la prima volta il suolo del paradiso terrestre, il più debole aveva sempre chinato la testa.

# IV

*Se qualcuno considera la posizione della Terra,*
*troverà che i fenomeni associati ad essa*
*potrebbero aver luogo solo se noi assumiamo*
*che essa si trovi nel centro dei cieli,*
*come il centro di una sfera.*

TOLOMEO Almagesto, Libro I, par. V

Il secchio che trascinavo mi impegnava duramente. A ogni passo un poco d'acqua tracimava e facevo frequenti soste per riprendere forze. Incontrai due donne che mi passarono a fianco discutendo tra loro. Parlavano di come conservare verdure per l'inverno e avevano in mano dei contenitori per il latte vuoti. Poco più avanti incrociai due ragazzi, più o meno della mia età ma alti un paio di palmi più di me. Uno dei due mi urtò e mi fece cadere. Il secchio si rovesciò e l'acqua si sparse attorno, mescolandosi alla polvere della strada. Non era stato un incidente, l'aveva fatto apposta. Ridevano. Io, accecato dalla rabbia, gridai qualcosa che ora non ricordo più, ma non si fermarono, forse nemmeno mi sentirono. La strada in quel momento era deserta.

Le giornate si facevano più lunghe e il sole le riscaldava piacevolmente. Uscivo subito dopo essermi alzato, con la scusa che mi piaceva andare in giro; in realtà scappavo da mia madre. In sua presenza la mia goffa inutilità mi pesava di più. Ogni boccone di cibo mi bruciava in gola, mi sembrava rubato, sottratto al sangue e alla sofferenza di lei, sottratto alla sua misera vita.

Nel cortile incontravo spesso il fattore che affilava gli attrezzi o discuteva il lavoro della giornata con gli altri contadini. Mi aggregavo al gruppo. Sempre qualcuno affibbiava qualche spintone a qualcun altro e mi indicava sogghignando. Di lavoro per me non ce n'era mai. Il fattore mi guardava e diceva: «Vai a dare una mano a tua madre» e si allontanava per altre faccende. Era quella malintesa pietà che mi feriva: il disprezzo camuffato d'attenzione, il ribadire in ogni occasione la mia inadeguatezza. Tutte le persone che mi stavano intorno avevano un compito, umile o importante che fosse: chi impastava e cuoceva il pane, chi affumicava prosciutti, chi pescava, chi ricavava sale dall'acqua di mare, chi preparava mattoni, chi coltivava. Io volevo solo sentirmi parte di quella vita che mi fluiva attorno. Mi sarei accontentato di non essere considerato qualcuno da sopportare.

Dopo che tutti si erano allontanati, restavo in mezzo all'aia e trattenevo le lacrime che la rabbia faceva salire agli occhi. I maiali dentro al recinto grugnivano nel fango. Da mia madre non tornavo, perché già conoscevo la sua risposta: che lei non aveva bisogno di niente, che bastava che le schivassi la fatica dell'acqua al pozzo, che non c'era nient'altro per cui le potessi servire. E ogni tratto del suo viso, ogni osso del suo corpo parlava invece di una fatica che io non potevo in nessuna maniera alleviare. Fuggivo allora per campi. Se c'era qualcuno al lavoro e mi avvicinavo troppo, mi cacciava lanciandomi sassi e insulti.


Fu così che iniziai a seguirlo. Usciva dalla fattoria da poco costruita – un edificio dall'aia triangolare e due alti granai – e si presentava agli uomini che l'attendevano seduti accanto all'ingresso. Qualcuno dei suoi assistenti prendeva nota dei nomi di chi si era presentato, in modo da poter controllare a fine settimana che ogni famiglia avesse fornito le ore di lavoro dovuto, e poi assegnava attrezzi e compiti a ciascuno. Gli operai si incamminavano subito verso il vicino luogo indicato, mentre lui li raggiungeva dopo poco e controllava che tutto procedesse secondo le sue disposizioni. Aveva dei rotoli che portava sotto braccio e dispiegava su un lungo tavolo, accanto alla zona degli scavi. C'erano dei paletti, piantati nel terreno, che delimitavano zone più o meno ampie. Qualche volta contava i passi che separavano un paletto da un altro, annotava il risultato, faceva dei conti, spostava uno dei paletti di un passo o due. Tutte quelle operazioni avvenivano nel più assoluto silenzio; in sua presenza nessuno osava fiatare. L'aria limpida del mattino era scalfita dal ritmo delle pale e dal cigolio delle ruote dei carri che portavano via la terra rimossa. Le estremità degli scavi assunsero presto una forma tondeggiante e in quella settentrionale si iniziò a scavare in profondità in cerca d'acqua.

Certi giorni Tycho discuteva con altri i disegni dei rotoli che distendeva sul tavolo. Ascoltava il loro parere senza commentare, lisciandosi i lunghi baffi o toccandosi con la nocca dell'indice il naso di metallo. Circa a metà giornata però, sia che fosse solo sia che fosse con qualcuno dei suoi assistenti, si allontanava per una passeggiata. In genere costeggiava le vasche per l'allevamento dei pesci e raggiungeva il bordo dell'isola. Lo seguivo acquattandomi dietro qualche masso o qualche cespuglio. Osservava lungamente le coste dello Sjaelland e poi ritornava verso la zona dei lavori.

Nel pomeriggio, dopo la cena assieme a tutti i suoi assistenti, si ritirava in una stanza della fattoria rivolta verso le fondamenta della nuova dimora, che crescevano in ampiezza e profondità giorno dopo giorno. Lo spiavo attraverso una finestra che lasciava aperta, appostandomi sopra un rialzo celato da un cespuglio spinoso, e lo vedevo chino sopra i libri oppure intento a scrivere. Se la sera era limpida, si affacciava alla finestra e puntava verso il cielo strumenti simili a quello che gli avevo visto usare la prima volta che lo avevo incontrato.

Rientravo sempre a notte fatta. Mia madre non mi rimproverava e nemmeno mi chiedeva dove fossi stato. Tutte le parole che non mi rivolgeva condensavano nel suo sguardo, carico di una rassegnazione che aveva il potere di abbattermi. Mi ritiravo in un angolo a mangiare gli avanzi che mi aveva tenuto da parte e masticavo adagio, in silenzio, per non disturbare quelli che stavano già dormendo. Poi mi stendevo anch'io e poco a poco mi addormentavo.

Una donna entrò nel cortile gridando. Era caduta; aveva un braccio insanguinato e, nella corsa, aveva perduto uno zoccolo. Riuscì a parlare a stento per l'affanno che le mangiava le parole. Capimmo che c'era stato un incidente, che qualcuno si era fatto male. Accorsi anch'io sul luogo che ci indicò. Uno degli operai che stavano riparando il tetto di un casa era caduto malamente e si era spezzato il collo. Vidi un corpo a terra, ai piedi di una scala a pioli; i suoi compagni gli stavano attorno. Mi avvicinai di più. Riconobbi nel cadavere il ragazzo che mi aveva fatto cadere alcuni giorni prima. Al suo fianco, nell'atto di reggergli la testa, l'altro che stava con lui.

Giunsero nel frattempo anche i genitori del morto. La madre si gettò sul corpo esanime del figlio, il padre rimase orgogliosamente in piedi, poco dietro la moglie. Il suo amico raccontò le modalità dell'incidente e, notandomi, aggiunse che io gli avevo lanciato un maleficio il giorno che mi aveva urtato e fatto rovesciare il secchio. Per mia fortuna nessuno dei familiari, nel dolore del momento, ebbe la presenza di spirito necessaria a dargli retta.

Mia madre, che a mia insaputa era giunta con alcune

donne della fattoria, mi trascinò via con uno strattone. Inviperita, mi disse: «Impara a tacere, se vuoi scampare la cattiveria della gente».

Un blocco liscio, di porfido nero, era stato posata all'angolo sudest dello scavo. Un'iscrizione dedicava alla dea Urania la costruzione che sarebbe presto sorta in quel luogo. Gli ospiti si erano dispersi per il prato; nobili e studiosi, abbigliati secondo il loro rango, che confabulavano in piccoli gruppi oppure andavano in giro a braccetto delle loro signore, ostentando riverenze a destra e a manca. Parecchi erano arrivati da più di una settimana, Tycho li aveva fatti sistemare nella sua fattoria e anche in qualcuna delle altre. Illustri dame avevano caricato sopra ai carri i bauli che si erano portate nel viaggio e che robusti marinai avevano scaricato dalle imbarcazioni.

Nel prato erano stati allestiti tavoli colmi di cibi e di bevande fresche. Per proteggerle dal sole estivo, erano state montate cinque tende colorate, aperte sui lati, come baldacchini, sorrette da quattro pali dello stesso colore delle tende. L'aria muoveva le stoffe e faceva oscillare debolmente gli scudi di legno appesi ai pali, con i simboli della famiglia Brahe. Servitori giunti per l'occasione da Copenaghen e Landskrona riempivano i bicchieri vuoti con ossequiosi inchini, spostandosi di gruppo in gruppo a offrire i propri servigi. Io mi muovevo invece cercando di non perdere di vista Tycho. Ero diventato abile a occultarmi, a collocarmi ai limiti del campo di percezione altrui, dove nessuno riusciva a distinguermi. Mi illudevo d'essere invisibile, d'essere altro da ciò che ero, di vivere pezzi di una vita che non mi apparteneva.

Assieme agli aromi dei vini, dei piatti ricchi e colorati, delle salse piccanti, l'aria stancamente spandeva attorno stralci di discorsi in lingue differenti; francese, tedesco, latino. Lingue che non conoscevo e che mi incuriosivano con la loro sonorità aliena. Tycho era forse il solo a parlare danese con un gruppo di professori dell'università di Copenaghen. Indicava la pietra con l'iscrizione e diceva d'essere convinto che le stelle, soprattutto le stelle erranti, determinassero il carattere e la predisposizione di un uomo al momento della sua nascita, ma che la volontà di questo potesse condizionare il proprio destino, perché Dio aveva dato a ogni uomo l'uso della ragione e del libero arbitrio. E che la ragione era lo strumento più prezioso per penetrare i misteri della natura e costruire conoscenza, l'unica via per creare un'unione spirituale tra l'umanità e le forze immateriali e nascoste del mondo naturale. L'animo umano, quale immagine divina, rifletteva nel proprio intimo l'armonia delle sfere celesti che ruotavano senza posa dalla creazione del mondo.

Uno dei professori alzò un coppa al cielo e gridò: «A Uraniborg!».

Anche gli altri professori alzarono le loro coppe e ripeterono in coro: «A Uraniborg!».

Tycho si avvicinò alla pietra scura, distante pochi passi, e versò parte del vino contenuto nella sua coppa sull'iscrizione: «A Uraniborg» disse «alla città di Urania! Che abbia lunga vita e riveli i segreti che i cieli ancora ci nascondono, che il giorno scelto per la posa della prima pietra le sia propizio».

Il mare luccicava verso meridione come una lamina di metallo sbalzato. Tra le spire di una foschia vaporosa pareva di intuire il profilo di una costa lontana.

«Non è forse già stato tutto rivelato da Aristotele e da Tolomeo il grande? Che altro c'è da conoscere?» osservò uno degli invitati che si era avvicinato piano piano al gruppo e, dopo aver prestato orecchio ai discorsi che vi si tenevano, interveniva forse inopportunamente. Indossava un abito leggero e colorato, la pelle del suo viso era bianca come la tela del fazzoletto che di quando in quando avvicinava alle labbra con un gesto ricercato e privo di scopo.

«Al contrario, ogni cosa è ancora da rivelare» rispose Tycho, verso il quale tutti si erano rivolti.

«Non sarete pure voi uno dei seguaci delle tesi di Copernico?»

«E perché no? Le tavole pruteniche che Reinhold ha compilato seguendo le indicazioni contenute nel *De revolutionibus* funzionano meglio delle tavole alfonsine, compilate ormai secoli addietro secondo i dettami dell'*Almagesto*. Questo è evidente a chiunque osservi i fenomeni celesti con regolarità. Lo stesso Regiomontano ne aveva ampiamente riferito.»

«Quindi anche voi credete che sia la Terra a ruotare attorno al Sole?»

«Io credo a ciò che vedo. E i miei occhi hanno visto comparire una nuova stella in Cassiopea e l'hanno vista brillare per alcuni mesi come un nuovo sole nel mezzo della più distante e incorruttibile delle sfere aristoteliche.»

L'altro sorrise. «Sì, mi hanno parlato del vostro *De stella nova*, nel quale, al contrario di altri, affermate che tale fenomeno non avviene nel mondo sublunare, palesemente contraddicendo il pensiero degli antichi.»

«Non l'ho affermato, l'ho dimostrato con le mie misure, descrivendo anche con precisione gli strumenti che ho utilizzato. D'altronde anche altri illustri studiosi, come Mästlin o l'inglese Digges, confrontando la sua posizione con quelle di altre stelle fisse, hanno concluso che la nuova stella non presentava parallasse e da ciò deducendo la sua appartenenza alla sfera più lontana.»

«Eppure altri affermano che si sia trattato di una cometa o di un effetto ottico della luce di altre stelle nell'attraversamento delle sfere cristalline inferiori. È un fenomeno che è già stato descritto, come la scomparsa della settima delle stelle delle Pleiadi il giorno in cui cadde Troia o la più recente temporanea scomparsa della Stella Polare quando i Turchi hanno conquistato Costantinopoli. È una questione che mi pare capziosa, uguale a quella che divide in opposte schiere i sostenitori di Copernico e Tolomeo, questione sulla quale, per inciso, le Sacre Scritture non danno adito a fraintendimenti. Come si può stabilire quale dei due abbia ragione?»

Tycho attese prima di rispondere e poi concluse: «Osservando il cielo, con strumenti precisi, notte dopo notte, per molti anni a venire».

# V

*Esistono due differenti movimenti primari nei cieli. Uno di essi è quello che trascina ogni cosa da oriente a occidente. L'altro è quello per mezzo del quale le sfere delle stelle erranti compiono movimenti in senso opposto rispetto al primo.*

TOLOMEO Almagesto, Libro I, par. VIII

Nuovi artigiani arrivarono sull'isola; avevano le abilità che servivano alla costruzione di una residenza degna della stirpe dei Brahe: muratori, fabbri, falegnami, esperti di idraulica, mastri vetrai, decoratori, scultori, pittori. I contadini parteciparono marginalmente ai lavori. Si occuparono soprattutto di scavare, spostare terra, elevare argini, erigere bastioni e muri di contenimento, pulire e migliorare le strade, trasportare i carichi sbarcati dalla navi fino al luogo del loro utilizzo.

Tycho fu costretto in quel periodo ad allontanarsi per qualche tempo, perché la regina Sophie aveva partorito un figlio maschio ed era necessario approntare l'oroscopo per il nuovo erede al trono di Danimarca. Anche a lui nacquero e morirono dei figli in un rapido volgere di mesi, parte dei quali trascorsi con Kirsten, che non viveva sull'isola e non vi si sarebbe stabilita fino al completamento della nuova dimora. Andava e tornava, ma aveva sempre sotto controllo l'avanzamento dei lavori. Se qualcosa non era stato fatto come lui aveva ordinato, lo faceva abbattere e ricostruire.

Nel cielo languiva il tenue chiarore del tramonto, striature rosse e cupe accendevano il basso orizzonte. La sera novembrina dolcemente scivolava nella frescura notturna, carica di umori tersi. C'erano notti sull'isola nelle quali la luce della luna entrava nelle fattorie e si stendeva tra i duri giacigli dei contadini, alleviava i loro corpi affaticati, formava globi bianchi con i loro respiri.

La superficie della vasca era uno specchio che rifletteva le ultime fiamme del giorno, corrugata solo dalle onde circolari provocate dalla lenza che Tycho ogni tanto tirava a sé. In un cesto si agitavano nell'ultima agonia i pesci sottratti all'acqua nera. L'aria profumava di erba e di mare. Tycho non indossava il naso di metallo, ma un altro di cuoio. Quando usciva ed era certo di non incontrare nessuno, tendeva a non usare il naso dorato. Guardavo la sua cicatrice e sentivo la mia gobba che doleva.

*La casa chiude un vicolo buio e stretto, che parte da una piazzetta dove, di giorno, espongono le loro mercanzie venditori di frutta e verdura. C'è una piccola scala di legno, quasi invisibile nell'oscurità, che porta a un ballatoio, sopra al quale è stato acceso un lume. Tycho percorre il vicolo e sale al ballatoio. La notte è fredda e il cielo limpido. Sul ballatoio ci sono altri invitati. Un paio lo conoscono e lo salutano, lui risponde distrattamente. Dall'interno della casa arrivano i rumori della festa. Attraverso un vetro, sporco o appannato, si vedono alcuni invitati levare i boccali al cielo e tracannare birra con lunghe sorsate. Tycho entra e si leva il mantello. La stanza è più grande di quanto potrebbe sembrare guardando la casa da fuori, ma male illuminata; l'aria è calda e viziata. Alcuni studenti danesi che frequentano l'università lo riconoscono e lo invitano a sedere al loro tavolo. Tycho li raggiunge. Un paio si stringono sulla panca per fargli posto. Subito gli mettono davanti un boccale di birra e un piatto di carne salata. Tycho beve e si unisce ai discorsi. Ridono. Parlano dell'università, di ragazze, della loro vita di tutti i giorni. La* comunità universitaria di Rostock è piccola e tutti si conoscono. Dopo qualche minuto arriva un ragazzo alto e magro, che cammina un po' ondeggiando, prende una sedia libera da un tavolo vicino e siede con loro. Gli altri sembrano non notarlo. Il ragazzo si rivolge subito a Tycho e dice: «La tua previsione era sbagliata».

Tycho prende un pezzo di carne salata dal piatto in mezzo al tavolo e beve la sua birra.

L'altro insiste. Tycho chiede: «Quale previsione?».

«Quella della morte di Solimano. Era già morto da sei settimane quando tu l'hai previsto.»

«Io non potevo saperlo, Manderup, lascia perdere. Nessuno poteva saperlo. La notizia è arrivata dopo.»

Manderup non lascia perdere: «Ma l'eclissi di luna è successiva, non poteva riferirsi a un evento già accaduto, anche se nessuno di noi ne era a conoscenza. La tua previsione era sbagliata. Mi devi i soldi che avevamo scommesso».

Il tono della discussione si alza. Anche Manderup si alza e la sedia sulla quale è seduto si ribalta. Gli altri ragazzi attorno al tavolo azzittiscono. Buona parte degli invitati non conosce il danese e nessuno comprende i motivi della lite. Dopo qualche istante arriva il padrone di casa a calmare gli animi.

«Signori, non litighiamo, per cortesia. Siete a una festa di fidanzamento, nella mia casa.»

Tycho lo guarda e si alza. «Ci scusi, professor Bachmeister» risponde cortesemente e si allontana. Prima di uscire indossa il mantello. Sul ballatoio si trattiene a respirare una boccata d'aria fresca e a tranquillizzarsi. Dall'interno della casa si ode la voce di Manderup che è passato al tedesco, ma non ha diminuito il tono. Tycho abbandona il ballatoio e si incammina. Nel buio del vicolo sente dei passi affrettati scendere lungo la scala di legno alle sue spalle e poi ancora la voce querula di Manderup. Tycho affretta il passo, ma l'altro non demorde. Quando sbucano nella piazzetta, leggermente meno buia del vicolo, Tycho perde l'ultimo *briciolo di pazienza. Si ferma, sguaina la spada e si volta. Manderup ha già sguainato la sua. Si fronteggiano. Manderup parte all'attacco. Si scambiano due, tre colpi, poi Tycho sente un dolore al volto, abbandona la spada, porta le mani al viso e si accascia a terra. Arriva un gruppo di invitati, si odono voci sovrapposte, c'è confusione. Tycho sente che qualcuno lo afferra per le spalle e lo solleva. Quando allontana le mani dal viso, le vede piene di sangue.*

«Che cosa vuoi?»

La sua voce suonò irreale nel silenzio della campagna. Io ero nascosto nell'ombra di un cespuglio e non risposi. Nemmeno mi sfiorò il pensiero che potesse rivolgersi a me. Mi guardai attorno per cercare se vi fosse qualcun altro. Tycho, invece, fissava il cespuglio e ripeté la sua richiesta: «Che cosa vuoi?... Vieni fuori, sono mesi che mi stai seguendo».

Abbandonai il mio riparo e venni allo scoperto.

Tycho, per la terza volta, mi chiese: «Che cosa vuoi?».

Guardai la superficie dell'acqua e il cielo trasparente. Avevo la testa vuota, la lingua secca. Poi le parole uscirono all'improvviso, per conto loro: «Voi avevate un fratello gemello che è morto subito dopo essere nato. Quando vostra madre ve l'ha rivelato, eravate già ragazzo. Avete molto sofferto per questa rivelazione. Non capite nemmeno ora le ragioni per le quali vostra madre vi ha nascosto la sua morte. Avete scritto un'ode in sua memoria».

Calò una specie di gelo, il cesto con i pesci che Tycho aveva appena raccolto da terra gli scivolò dalle mani. Era la prima volta che lo vedevo turbato. L'enormità di quello che avevo osato dire mi atterriva.

Ricompostosi, si chinò a raccogliere il cesto dei pesci e chiese: «Che altro sai dirmi?».

Io, di nuovo, risposi inconsapevolmente, senza riuscire ad avere il controllo delle parole che si formavano sulle mie labbra: «Il vostro primo figlio maschio è morto a pochi giorni dalla nascita, voi nemmeno siete riuscito a vederlo. Avete pianto sulla sua tomba da solo, non avete voluto che nessuno fosse con voi. La chiesa fredda, la lastra di pietra sotto la quale giaceva il corpo freddo di vostro figlio, vi hanno disseminato nell'animo uno sconforto che ancora non siete riuscito a estirpare. Quando avete assistito alla cerimonia del battesimo del figlio del re e avete presentato il suo oroscopo, avete provato una sorta di invidia della quale, poi, vi siete profondamente vergognato».

Tycho non replicò. Continuavo a essere paralizzato dalla paura. Era scesa la notte. L'oscurità non mi permetteva di distinguere con chiarezza il suo volto.

«Chi ti ha raccontato queste cose?» chiese.

«Nessuno.»

«Allora come le sai?»

Allargai le braccia rassegnato. «Le so...» dissi quasi a giustificarmi, poi aggiunsi: «Le vedo».

«Le vedi?» C'era una sfumatura di stupore.

«Sì.»

«Dove le vedi?»

«In sogno, dentro la mia testa, le trovo mischiate ai miei ricordi... A volte mi sembra di vivere con i ricordi degli altri.»

Ebbe qualche istante di esitazione, poi mi volse le spalle e si incamminò lungo il bordo della vasca. Il sentiero arrivava fino all'ingresso della fattoria. Io non mi mossi. Dopo pochi passi Tycho scomparve nell'oscurità. Mi sembrò ovvio che la cosa finisse in quel modo, presto avrei subìto le conseguenze delle mie parole dissennate. Invece riudii la sua voce: «Vieni qui!».

Ubbidii. Si era fermato una decina di passi più avanti. «Che cosa vuoi?» mi chiese per l'ennesima volta.

«Imparare a leggere e scrivere... Imparare le cose che sapete voi.»

Di nuovo mi stupii della mia impudenza: un nano gobbo e deforme che osava avanzare delle richieste. Mi aspettavo che nemmeno prendesse in considerazione le mie parole, invece: «Verrai a vivere alla fattoria. Di giorno lavorerai per me, alla sera qualcuno dei miei assistenti ti insegnerà ciò che desideri».

«Nessuno mi fa lavorare... Sono un nano.»

«Io ti farò lavorare. »

Le stelle si riflettevano dentro l'acqua buia, ma una folata d'aria fredda ne increspò la superficie e le stelle scomparvero. L'acqua sciaguattava vicino ai bordi della vasca. Ogni tanto si sentiva il tuffo di un pesce.

«Allora, accetti?»

«Sì» risposi con un filo di voce.

Lui aggiunse: «Guarda lassù».

Levai la testa e osservai nella direzione che mi indicava. Tra le molte stelle, per me tutte identiche, ce n'era una con una lunga coda rossastra.

«È una cometa» spiegò. «Ne vedo anch'io una per la prima volta... Compaiono segni nel cielo, a volte, che vanno interpretati. Avviamoci. Questa notte avrò molto da lavorare.»

# VI

È pertanto chiaro che la materia dei cieli non è,
per sua intrinseca natura, suscettibile
di generazione o corruzione,
perché è la più prossima a quei corpi
che sono intrinsecamente immutabili.

TOMMASO D'AQUINO
Praeclarissima commentaria in duodecim libros
metaphysicorum Aristotelis

Live era l'anima della fattoria. Si occupava di tutto: uomini e animali; non c'era niente e nessuno che potesse tenerle testa. Il suo contegno induceva gli altri a concederle un'autorità superiore a quella che le spettava. La sua assenza lasciava un vuoto palpabile. Quando si adirava, il suo sguardo inceneriva e quando distribuiva comandi era penetrante come una lama di ghiaccio. Per il suo corpo, appena curvo, e per il viso, cotto dal sole e dalla vita agra, tutti le si rivolgevano chiamandola «la vecchia Live». Ma non era vecchia, se non nella considerazione altrui.

Fin dalle prime luci dell'alba la si vedeva correre qua e là a incoraggiare, a rabbonire, a riconciliare, a dare disposizioni che era sconsigliabile disattendere. Passava dalla cucina alla sala da pranzo, dalle stalle ai granai, dall'aia all'orto. Infaticabile. Anche Tycho era raro che le chiedesse qualcosa, che le desse un ordine, perché lei preveniva i bisogni prima che si palesassero.

Era la prima persona che incontravo al mio risveglio e l'ultima che salutavo prima di coricarmi. Il più delle volte era lei stessa che mi svegliava, scuotendomi bruscamente. «Sveglia fannullone» mi diceva e subito andava dietro a

qualche altra faccenda. Io mi levavo a sedere sul mio pagliericcio e per qualche secondo seguivo i suoi spostamenti. Il
fuoco sotto i paioli era già acceso e crepitava nella penombra
della stanza. Live mondava verdure, aggiungeva legna, dava
disposizioni a qualcuno che passava. Quelli erano i momenti in cui il rimpianto per mia madre faceva male; era la presenza di Live a rammentarmela. La pensavo nella fattoria,
intenta a ripetere gli stessi gesti di Live, e sentivo forte il
legame che mi univa a lei. Quando le avevo detto che sarai
andato a vivere nella fattoria Tycho, mi era parso di cogliere
un'ombra di sollievo. «È una buona occasione, non sprecar-
la» aveva detto. Ogni tanto andavo a trovarla, ma nei nostri
incontri le parole erano spesso assenti. Il più delle volte mi
limitavo a sedere e a osservarla mentre svolgeva i suoi compiti quotidiani. Per una bizzarra e oscura ragione, sentivo di
amarla di più quando non era con me.


La giornata alla fattoria iniziava con il buio e di rado il cielo
era velato dal chiarore nebuloso che prelude all'alba. Subito
dopo essermi alzato, calmavo lo stimolo della fame con della
birra tiepida e una ciotola di zuppa di segale. Poi lavoravo
fino a mattino inoltrato, quando facevo una pausa.

Aiutavo i contadini negli scavi o nella manutenzione di
strade e muri. Usavo gli attrezzi che usavano gli altri, anche
se in maniera più goffa e con minore efficacia. Molti mi trat-
tavano come avevano imparato: mi schernivano, mi spinto-
navano, mi allontanavano. Ma vi ero abituato; non rispon-
devo e proseguivo il mio lavoro. La mia volontà non vacilla-
va sotto le percosse. Poi però si seppe che la mia presenza
era stata imposta da Tycho. Smisero di tormentarmi e mi
trattarono con muto distacco. Dietro al loro silenzio intuivo
il rancore per il privilegio che il signore dell'isola mi aveva

concesso. Non si capacitavano di come uno storpio potesse essere degno dell'attenzione di una persona di rango.

Le mani mi si riempirono prima di vesciche, poi diventarono carne viva e alla fine mi si formarono i calli. Non feci più caso alla stanchezza serale; la schiena e i muscoli mi dolevano di meno, il lavoro mi pesava di meno. Le ossa della gobba si assestavano con un suono di pietre sbattute, un suono che non avevano emesso mai. La fatica le costringeva a ricomporsi nel corpo in un ordine diverso. Ero purificato dentro, come se il veleno degli anni si sciogliesse nel sudore. In un certo modo ero felice: per la prima volta nella mia vita ero parte di qualcosa.

L'attività di ogni giornata durava fino al pasto serale. Mangiavo con la servitù della casa, nella cucina di Live, mentre i lavoranti a giornata si sedevano fuori dal portone della fattoria. Erano pasti consumati in silenzio, che si concludevano prima che il sole tramontasse. Tycho invece prendeva posto nella sala da pranzo con tutti gli assistenti e gli ospiti. Le cene duravano a lungo, animate da discussioni di astronomia, di architettura, di filosofia.

Dopo la cena nella cucina di Live, raggiungevo Tycho e sedevo su un gradino vicino al suo posto a tavola. Tra una portata e l'altra, mi allungava bocconi di pietanze, che io prendevo dalle sue mani o raccoglievo da terra. Non era per umiliarmi di fronte ai commensali, ma per ribadire che era il mio benefattore, che la mia sopravvivenza, la mia vita, dipendevano da lui, che sarebbe bastato un suo cenno per ricacciarmi alla fattoria dove mia madre faceva la serva. Gli appartenevo, ero una sua creatura, un suo miracolo. Se anche me ne mancava l'anima, avevo il corpo e l'aspetto di un giullare, il suo giullare. Accadeva abbastanza di frequente che mi sollecitasse a raccontare storie per divertire gli ospiti. Caracollavo allora fino al centro della stanza, con le dita e la bocca unte di cibo, accentuando nei movimenti i miei difetti fisici. Non me ne vergognavo, facevo quello che tutti si attendevano da me. Nei miei racconti attingevo alle leggende dell'isola oppure inventavo. Narravo la storia della gigantessa Hvenild che, attraversando l'Øresund, aveva perso una delle rocce che teneva nel grembiule, oppure la leggenda di Grimilde che aveva fatto uccidere con l'inganno i suoi due fratelli e poi era stata colpita dalla vendetta di uno dei loro figli, oppure ancora la storia del corpo vecchio di secoli e perfettamente conservato di uno strano essere, vestito di abiti dai colori sgargianti, forse progenitore di tutti i nani, rinvenuto nei cunicoli di una miniera di sale delle montagne Metallifere, dove uomini nudi per il calore sfruttavano vene che si dicevano inesauribili.

I presenti si stupivano del mio talento; tutti trovavano irresistibilmente buffe le mie smorfie e mi esortavano a raccontare ancora. Anche Tycho sorrideva sorseggiando una coppa di vino. Mi esibiva. Ero l'attrazione dell'Øresund. Io, mentre mi dimenavo per l'altrui divertimento, mi convincevo che quel comportamento ridicolo che tanto mi ripugnava era il modo per saldare il debito nei confronti del mio signore. Ancora non sapevo che non sarebbe bastato.


Al termine della cena tutti si ritiravano per le attività serali. Era il momento della giornata per il quale tanto avevo faticato e mi ero umiliato. In silenzio mi accodavo a Flemløse, il maestro che Tycho aveva scelto perché mi insegnasse a leggere e scrivere, il suo assistente più esperto, che aveva condotto con sé dall'università di Copenaghen. Flemløse aveva le guance punteggiate da una barba rada che lo faceva sembrare ancora acerbo. Doveva tutto a Tycho e, quando parlava di lui, sentivo nelle sue parole un entusiasmo e una devozione genuini. Lo stesso entusiasmo e la stessa devozione che riversava negli studi e nelle misurazioni astronomiche, alle quali la benevolenza del suo mentore gli aveva permesso di dedicarsi completamente.

*L'aula non è grande, ci sono persone ovunque. Non si comprende perché non si sia utilizzata l'aula magna, ma alcuni dicono sia stato Tycho a pretendere un'aula più piccola. Quando compare, si fa subito silenzio. Flemløse pensa che Tycho è uguale a come se l'era immaginato leggendo la copia manoscritta del* De stella nova *che gli ha mostrato Pratensis. Tycho tiene un'orazione sugli antichi e l'importanza delle scienze matematiche. Parla di Ipparco, di Tolomeo e Copernico, il secondo Tolomeo; dell'astrologia che influenza il tempo atmosferico, la salute e i destini degli uomini; della dottrina del primo mobile, che descrive i movimenti sferici dei cieli, e quella del secondo mobile, che descrive il moto irregolare dei pianeti. Al termine della lezione Flemløse cerca di avvicinarlo, ma Tycho si allontana immediatamente. Si incontrano nel chiostro, dopo qualche giorno. Tycho è solo, avanza con le mani dietro la schiena, guardando a terra. Flemløse si fa coraggio e lo affianca. Gli racconta dell'emozione che ha provato leggendo il* De stella nova, *del suo amore per l'astronomia, dell'inadeguatezza degli strumenti che usa. Sono parole che pronuncia in fretta, che quasi gli bruciano in bocca. L'emozione lo tradisce. Tycho lo ascolta e poi lo invita per la sera a fare alcune osservazioni del cielo. Flemløse all'appuntamento si presenta in anticipo. Tycho lo fa attendere in una stanza piena di libri, gli dice di leggere quello che vuole. Flemløse sfoglia una copia del* De re metallica *di Agricola e del* Theoricae Novae Planetarum *di Peurbach. Il cielo è lim-*

*pido. Osservano la posizione di Venere subito dopo il tramon-*
*to. Tycho gli mostra gli strumenti, gli spiega il loro funziona-*
*mento e lo guarda mentre lavora. Flemløse è metodico e*
*paziente, legge gli strumenti più volte per essere sicuro di non*
*sbagliare. Tycho gli racconta che li progetta personalmente e*
*che li affida ad artigiani con i quali rimane in contatto duran-*
*te le fasi di costruzione.*

Mi conduceva nella sua stanza e mi assegnava letture o eser-
cizi mentre lui, dalla finestra, eseguiva misurazioni astronomiche che diligentemente annotava. Mi parlava di grammatica latina, della storia degli antichi, dei loro pensieri e delle
loro guerre, della Riforma, di come Aristotele avesse posto la
Terra al centro di sfere perfette e incorruttibili. Io ascoltavo
e poco a poco imparavo. I segni tracciati sulle pagine cominciarono ad avere lentamente un suono, e poi, altrettanto lentamente, anche i suoni cominciarono ad avere un senso.
Quando mi sentì leggere e tradurre correttamente, cessò di
parlarmi danese e incominciò a rivolgersi a me solo in latino.
All'inizio, di nuovo, mi parve di ricominciare tutto da capo,
che gli sforzi fatti fino a quel momento fossero stati vani,
invece mi accorsi dopo qualche tempo che non tutto ciò che
mi raccontava era incomprensibile, che ero capace, coglien-
do qualche parola, di intuire il senso delle frasi che lentamente mi sillabava. Riconobbi un numero di parole sempre
maggiore, e l'aumento della mia comprensione andava di
pari passo con l'ampiezza delle sue narrazioni.
    Mi raccontò del suo viaggio attraverso l'Europa con
Tycho, di ciò che avevano visto, delle persone che avevano
incontrato. Parlò dello splendore di Venezia, in equilibrio
miracoloso tra mare e terra, e delle armoniose ville di
Palladio, poi del quadrante di 14 cubiti di raggio che Tycho
aveva costruito ad Augusta con l'aiuto di Paul Hainzel. Parlò

dell'incoronazione di Rodolfo II a Ratisbona, dello sfarzoso corteo di nobili e autorità, poi ancora di Reinhold il Giovane, figlio del compilatore delle tavole pruteniche, che a Wittenberg aveva mostrato loro alcuni manoscritti del padre. Erano racconti che mi aiutavano a penetrare nella vita di Tycho, che mi aiutavano a conoscere meglio gli uomini che sedevano al suo desco.

Una sera, era inverno, durante una cena, mi invitarono a raccontare una storia. La raccontai in latino. Non l'avevo previsto, mi accadde senza riflettere di usare la lingua che avevo lentamente imparato, che era entrata a far parte di me quasi con noncuranza. Era una storia spiritosa, ma nessuno rise. Tutti la ascoltarono in un silenzio raggelante. Dopo che ebbi concluso, Tycho si alzò e dichiarò la cena terminata. Quando fummo nella sua stanza, Flemløse mi disse che non era di tutti i giullari sapere il latino e che ero stato un buon discepolo. Poi mi assegnò un brano da tradurre. Gli chiesi se, parlando in quel modo davanti a tutti, avessi in qualche modo offeso Tycho, ma non ottenni risposta.

Ripensai a quello che era accaduto negli ultimi tempi. Erano passate settimane, mesi, stagioni. Caldo e freddo, luce e tenebra s'erano alternati. Uraniborg era cresciuta fino ad arrivare al tetto, anche se io non vi ero ancora entrato e l'ammiravo dalla cima dei bastioni di terra che la circondavano.

# VII

*Dio, quando creò il mondo, mosse ciascuna delle
sfere celesti come gli piacque e impresse in loro
un impulso che le facesse poi muovere
senza più alcun suo intervento.*

GIOVANNI BURIDANO Quaestiones super octo
libros physicorum

Live entrò nella cucina con le mani sui fianchi e mi si parò davanti. Stavo mangiando, dalla sala da pranzo proveniva l'allegro vociare dei commensali che avevano appena preso posto e stavano vuotando i primi calici. Ingoiavo quasi senza masticare, per evitare che Tycho, non vedendomi, sollecitasse la mia presenza. Incrociai lo sguardo di Live e subito depositai nel piatto il boccone che avevo in mano. Non ricordavo di averla mai vista guardare nessuno in quella maniera. C'era un miscuglio di sentimenti, nessuno dei quali riusciva a prendere il sopravvento, ma soprattutto una forma di agitazione che non era da lei. Mi spaventai. Deposi il piatto. Live mi appoggiò una mano sopra la testa e sussurrò: «Ho appena parlato con un contadino che vive nella fattoria di tua madre. Mi ha detto che sta molto male... È meglio che tu vada».

Mi ci vollero alcuni istanti per afferrare il significato pieno delle sue parole. Guardai la porta che conduceva alla sala da pranzo. Live intuì i miei pensieri e disse: «Ci penso io ad avvisarlo».

*

Ero preparato ad avere a che fare con la morte. La conoscevo per prossimità, per vicinanza, come può conoscerla un vivo. Non c'era famiglia sull'isola che non avesse dato sepoltura almeno a un figlio in tenera età, ucciso dagli stenti o dalle malattie. La morte, nella sua barbara giustizia, colpiva indifferentemente vecchi e giovani, poveri e ricchi, nobili e contadini. Eppure la sua presenza, in quel momento, mi turbava come non era mai accaduto. Mai il lembo della sua veste aveva sfiorato i miei calcagni, mai il sibilo muto della sua falce era passato tanto vicino al mio capo. Forse era quello. Oppure il senso di perdita che già infestava i miei pensieri. Camminavo verso le case di Tuna e guardavo le stelle, schiavo di quelle lugubri riflessioni. Cercavo un segno nel cielo, una premonizione che mi confortasse, come la cometa apparsa a Tycho la notte che mi volle con lui. Non ne trovai, o forse non seppi riconoscerli. Avevo imparato in quei mesi che ogni lingua nascondeva sfumature e significati che non sempre era possibile comprendere. Dentro di me, passo dopo passo, s'affollavano sentimenti bui. La mia anima andava distillando goccia a goccia un'angoscia simile all'oscurità che avvolgeva il sentiero su cui camminavo.

Quando arrivai nei pressi di Tuna e riuscii a distinguere la sagoma della fattoria, i cani mi avevano già sentito. Abbaiavano senza riconoscermi. Ce n'erano di nuovi e quelli di un tempo non erano più abituati alla mia presenza. Evitai perciò di passare per l'orto e il frutteto e andai a bussare all'ingresso principale. Mi venne ad aprire una serva nuova, giovane, che non avevo mai incontrato. Dovevano averla avvertita, perché senza domandarmi nulla mi condusse in una piccola stanza a lato della scuderia e lì mi lasciò. Nel ripostiglio era più buio che fuori, udivo un rantolo ma non vedevo nessuno. Allora andai a cercare di nuovo la serva e le chiesi di darmi qualcosa per fare un po' di luce. Lei entrò in cucina e mi portò un mozzicone di candela. Le chiesi di accendermelo. Lei sbuffò, disse qualcosa che non compresi, e scomparve di nuovo in cucina. Dopo un po' si presentò con il mozzicone acceso. Alla porta non si affacciò nessun altro, anche se percepii un vociare alle sue spalle.

Alla luce della candela trovai mia madre distesa sulla nuda terra, la testa su un pezzo di legno e uno straccio lurido, che le era servito da coperta, infagottato ai suoi piedi. L'avevano confinata in una rimessa per gli attrezzi rotti e le cose inservibili. Il lezzo di escrementi era nauseante. Pensai che più avvilente della morte era la mancanza di ogni dignità.

Mi chinai sul suo corpo scomposto e le sistemai meglio la testa. La toccai la fronte calda e le asciugai il sudore con lo straccio che stava ai suoi piedi. Aprì per qualche istante gli occhi, ma non mi riconobbe. Li richiuse. La chiamai per nome, ma non li riaprì più. Cercai allora di farla stare più comoda. Tremava. L'avvolsi nell'unico straccio che avevo a disposizione, riservandomi l'indomani di trovarle qualcosa di meglio, e presi una delle sue mani tra le mie. Chiusi gli occhi e rimasi in quella posizione per un pezzo. Nella stanza si udivano solo il debole respiro di lei e il silenzio ottundente delle stelle. Non pregai. Non pensai a nulla. I lacci del dolore mi stringevano l'anima.

Quando riaprii gli occhi, non so quanto tempo dopo, il mozzicone di candela si era completamente consumato. Raccolsi un secchio che avevo scorto in un angolo e uscii nella notte per procurarmi dell'acqua.

L'indomani, quando mi svegliai, la luce del giorno illuminava debolmente la stanza grazie a un'apertura vicino al tetto. Mia madre sembrava stare un po' meglio. Aprì gli occhi e mi riconobbe, anche se non parlò; però la rasserenò vedermi accanto al suo misero giaciglio.

Trascorsi la giornata a cercare di rendere la sua agonia più sopportabile. Mi procurai della paglia perché non restasse sulla terra gelata, un fagotto di stracci per tenerle sollevato il capo, una coperta rattoppata per difenderla dal freddo. Mi procurai anche un piccolo braciere, sul quale deponevo alla notte qualche tizzone che la serva prelevava dalla cucina. Avevo portato delle erbe con me e altre ne raccolsi attorno al villaggio. Preparai un decotto contro il dolore, come avevo imparato da Live, e glielo feci bere adagio. Servì almeno a farle riprendere sonno. Era poca cosa, ma non c'era molto che potessi fare.

Quando mi allontanavo dal ripostiglio, era come se una corda si tendesse. Sentivo che lei stava svanendo, che affondava in un'ombra sempre più compatta, ma ogni volta, quando sembrava che non dovesse più tornare indietro, la corda si tendeva e lei vi si aggrappava. Risaliva lentamente e riusciva a sfuggire al nero che si spalancava ai suoi piedi. L'istinto la vincolava a me, al mondo spietato per il quale si era sfibrata, mentre un'ombra suadente che l'ammaliava con il suo canto di sirena, un'ombra senza sogni, le prometteva il riposo che la vita non le aveva concesso.

Una volta al giorno la serva della casa ci portava da mangiare. Mi disse di chiamarsi Trine, veniva dalla campagna dell'isola di Langeland e la sua famiglia era ancora laggiù. Velatamente, mi fece intendere d'aver preso il posto di mia madre. Era giovane e timida, di una timidezza che al nostro primo incontro avevo scambiato per scontrosità. Mentre parlava si sfiorava il ventre con una o l'altra mano con mosse inconsapevoli. Non ci fu bisogno che mi raccontasse perché era finita in un luogo tanto lontano dai suoi. Mi augurai che non le toccasse anche la croce d'un figlio come me.

Condividevo con mia madre le ciotole di zuppa che ci portava, benché lei non mangiasse quasi nulla; qualche cucchiaio di brodo, qualche sorso d'acqua. La imboccavo e ogni tanto le inumidivo le labbra e la fronte con una pezza. Era divorata da una febbre che le scendeva nelle viscere, che la smagriva e la inaridiva. Alla sera le tenevo la mano. Mi faceva segno di pregare, perché lei non aveva forza che per respirare. Io la accontentavo e salmodiavo le preghiere che mi aveva insegnato da piccolo, anche se non ne traevo alcun sollievo. Mi addormentavo così, con lei accanto, come forse avevo fatto solo da bambino, ma il mio era un sonno frammentato, spesso interrotto dai violenti attacchi di tosse che la scuotevano. Mi svegliavo allora di soprassalto e la cercavo al buio. Le reggevo la testa e la chiamavo per nome, mentre lei vomitava un sangue nero e denso, che le si incrostava sulle labbra. Potevo solo pulirla dai rimasugli di quel sangue impuro. Ogni respiro le costava dolore, raschiava qualcosa dentro di lei, la consumava. Assistevo impotente, perché si è sempre impotenti di fronte al dolore, perché il dolore è soprattutto impotenza.


L'ultima notte della sua agonia c'erano tante stelle in cielo che era quasi impossibile distogliere lo sguardo. Si era addormentata da poco, il suo respiro era debole ma regolare. Uscii, la notte fresca mi ristorò. Al rientro mi sdraiai accanto a lei. Stavo appisolandomi, quando le salì dal petto un lungo gemito. Dapprima quasi impercettibile, nascosto tra i respiri, poi sempre più acuto. Il gemito si trasformò presto in un urlo straziante. Gridò con una voce terribile e iniziò a dimenarsi forsennatamente, a roteare la testa con gli occhi dilatati dal terrore, a cercare con tutto il corpo l'aria che le mancava. Poi rotolò su un fianco e vomitò il sangue dentro al quale stava soffocando. A fiotti, a grumi, come se stesse sputando un pezzo di aria pietrificata. Dopo, sembrò calmarsi. Io accesi una candela e la posai accanto al secchio. Provai a farle bere dell'acqua, ma ne prese solo un sorso. Alla luce aspra della candela il suo volto appariva di un pallore innaturale. Si era consumata, si stava spegnendo. Capii, guardandola negli occhi, che non aveva paura. La percepii lontana, incamminata lungo sentieri sui quali non potevo seguirla: aveva reciso anche quell'ultima corda che la tratteneva a me. Le asciugai la fronte gelida. Mi sembrò di toccare una pietra fredda e liscia, lavorata dall'acqua del mare. Lei richiuse gli occhi ma, prima di spegnersi, si girò su un fianco, volgendomi la schiena. Compresi quel suo ultimo gesto di pudore: non voleva che la vedessi morire, che mi restasse negli occhi l'immagine di una sua nudità che niente aveva a che fare con la privazione di vesti. Le poggiai una mano sulla spalla, poi lentamente sulla schiena. La candela si spense, ritornò il buio. Un buio attenuato dall'arancio delle braci svanenti. Sentivo sotto la mia mano la sua schiena che si muoveva con il respiro. Poi anche la schiena non si mosse più.

Il cielo presentava quel grigiore disuniforme che qualche volta indossa il cielo di Danimarca, gravava sulla terra frantumandosi in nubi che il vento sfilacciava. Il cumulo di terra era umido per la pioggerellina lieve che era caduta al mattino. Vi depositai un fiore. Oltre la facciata della chiesa si vedeva il mare, le onde verdi e schiumanti che si affrettavano verso la costa dello Sjaelland. Pensai solo che mi sarebbe toccato ringraziare Tycho per la bara di legno che aveva mandato. Poche persone erano venute a salutarla. Trine le aveva portato una ciocca della sua treccia da ragazzina. Cercai dentro di me un rimasuglio di preghiera, un qualche ricordo, un pensiero da dedicarle, ma non ne trovai. Era morta senza lasciare tracce, cancellando le poche rimaste prima di uscire di scena, come se chiedesse solo di essere dimenticata.

Sentii la mano di qualcuno sulla spalla. Mi voltai. Era Flemløse.

Tornai a guardare il cumulo di terra sotto al quale giacevano le spoglie di mia madre. Poi guardai il cielo mutevole e fremente e assaporai un'inquietudine dolciastra, che mi restò in bocca a lungo. Richiamai alla mente il suo volto, ricomposto dalla morte in un'espressione pacata. Lasciando il corpo, l'anima accordava al volto la pace dell'infanzia, dei giorni senza pensieri, come avesse liberato la materia dal peso di esistere. C'era in quella frattura tra corpo e spirito, intuivo, tutto il mistero del dolore umano. L'aria odorava di erbe fruste, bacche e salmastro. Aveva gradazioni intense di alghe disfatte, venute a seccare su arenili spogli, intepiditi da soli stinti.

Flemløse disse: «Andiamo, è ora di tornare a casa».

# VIII

*Allo stesso modo di chi costruisce un orologio
e poi lo lascia funzionare da solo.
Così Dio lasciò che i cieli fossero mossi
in continuità secondo l'ordine stabilito.*

NICOLE D'ORESME
Le livre du ciel et du monde

Uraniborg sorgeva al centro di un quadrato perfetto delimitato da bastioni e terrapieni. Dentro al quadrato, altri quadrati più piccoli con frutteti, orti e aiuole fiorite, e poi ancora un grande spazio circolare, al centro del quale si elevava il palazzo. Il tutto, palazzo e giardini, ricalcava lo schema di una grande bussola, con i punti cardinali evidenziati dai quattro viali che, dagli angoli dei bastioni, raggiungevano lo slargo centrale. Il palazzo era stato eretto tenendo conto di precise simmetrie, ogni sua parte proporzionata rispetto alle altre come nei rapporti di armonia musicale. Nulla era stato lasciato al caso, ogni particolare richiamava un senso occulto, suggeriva qualcosa del mondo della natura, del mistero degli esseri viventi. Sopra alla cupola, che si innestava su un timpano ottagonale, ruotava un Pegaso dorato che segnava la direzione del vento.

Al piano terra, l'ingresso rivolto a oriente introduceva in un corridoio che portava a una fontana collocata nel centro esatto del corpo mediano del palazzo, sotto alla cupola. C'erano quattro grandi ambienti, uno dei quali, il primo sulla sinistra, serviva per i pranzi invernali, l'unico a essere riscaldato. Tycho e Kirsten trascorrevano le notti più fredde dell'anno, dopo avervi fatto disporre i letti dalla servitù. Le altre stanze erano per il riposo e il lavoro degli ospiti e degli assistenti. Al piano superiore, invece, c'erano quattro stanze: la rossa, blu e gialla erano per gli ospiti di riguardo, la più grande, la verde, lunga quanto la facciata occidentale, era la stanza dove Tycho, la sua famiglia e i suoi assistenti pranzavano d'estate. Dalle vetrate si scorgevano i profili verdeggianti delle coste dello Sjaelland e le navi che veleggiavano incolonnate nello stretto, attorniate da riflessi d'oro e blu. Tra la cupola erano state ricavate otto piccole camere per gli assistenti che si fermavano per periodi brevi, soprattutto d'estate. Una fu concessa a me. Minuscola e fredda, con una finestra ovale, ma con un letto vero, come avevo visto solo nella stanza del fattore. Dalla mia finestra, alla quale mi affacciavo grazie a uno sgabello, si scorgeva la parte meridionale dell'isola, gli acquitrini, le terre comuni usate a pascolo, i viottoli segnati dai muri a secco. Vedevo l'isola dall'alto e, come un uccello, riuscivo a perdermi tra fumi di nebbie e nubi, mulinavo nella ruggine dei cieli autunnali.

Mi sentivo un assistente rimanendo al contempo il giullare di Tycho. Recitavo e studiavo. Vivevo due vite. Godevo di una condizione particolare e ambigua. Non avevamo stipulato accordi o sottoscritto contratti, il nostro rapporto si basava solo su quello che c'eravamo detti una notte lontana, il cui ricordo avevo forse ammantato di sensi che non le appartenevano. Le mie capacità incuriosivano Tycho, ma di una curiosità allo stesso tempo razionale e superstiziosa. I suoi comandi mi giungevano per interposta persona, come se mi stimasse e contemporaneamente mi temesse, o mi volesse mantenere alla distanza che competeva al mio stato. Me li riferivano Flemløse o Morsing, gli assistenti anziani, i punti di riferimento di tutti gli studenti. «Non ha voluto che tu imparassi il latino solo per raccontare storie ai suoi commensali» mi confidò Flemløse una sera, poco prima che ci ritirassimo nelle nostre stanze. E infatti ero stato sollevato dai lavori pesanti. Al più dovevo impegnare mezza giornata in faccende di poco conto, che sbrigavo frettolosamente: verificare consegne di materiali, occuparmi della spedizione della posta. Per il resto potevo dedicare il mio tempo allo studio. Avevo libero accesso alla biblioteca e ai testi che vi si trovavano. Leggevo avidamente, affidandomi ai consigli di Flemløse che, a seconda delle mie domande e delle mie curiosità, mi indirizzava verso un testo o un altro. Non di rado portavo i libri anche nella mia stanza e durante la notte, alla luce della candela e delle stelle, rimanevo desto a leggere. Era una febbre, una malattia. La vita mi appariva in quei giorni breve, avevo l'impressione che il tempo mi sfuggisse, che non mi sarebbe bastato per arrivare a imparare tutto ciò che avevo desiderio di conoscere. Sprofondavo dentro ai libri, come una pietra nell'acqua torbida di uno stagno. Il resto del mondo scompariva, si nascondeva dietro una cortina d'acque scure che ovattavano luce e suoni. Mi sembrava d'entrare nella testa di altri uomini, nei loro pensieri, e soprattutto di penetrarvi diversamente rispetto a quanto di solito mi accadeva.


La biblioteca era nell'ala sud dell'edificio, sotto all'osservatorio meridionale. Si trattava di una stanza circolare con centinaia di libri e alcuni tavoli dove si poteva studiare e scrivere. Alle pareti erano appesi ritratti di astronomi antichi e moderni, come Tolomeo, Al-Battani, Copernico e il langravio Guglielmo IV d'Assia. Al centro della stanza si trovava invece un globo ricoperto con lastre d'ottone, raffigurante la sfera delle stelle fisse, dotato di cerchi graduati che segnavano il meridiano e l'orizzonte e un sestante mobile che misurava l'altezza.

Al riparo di quelle mura accoglienti mi avvicinai all'astronomia grado a grado. Studiai le idee che da secoli gli uomini usavano per spiegare i cieli, misi in ordine concetti frammentari che avevo udito qua e là, nelle circostanze più disparate, senza comprenderli appieno o saldarli tra loro in sistemi coerenti.

Il punto d'inizio fu il complesso di sfere omocentriche elaborato da Eudosso e Callippo e sviluppato da Aristotele. Otto sfere sulle quali trovavano la loro collocazione le stelle fisse, i pianeti, la luna, il sole e che avevano come centro la Terra. Le sfere dei cieli, perfette e incorruttibili, si muovevano trascinandosi e rallentandosi a vicenda come in un gigantesco meccanismo, e la sfera sublunare, luogo dell'imperfezione umana, stava al di sotto di tutte le altre, riempita dai quattro elementi fondamentali: terra, acqua, aria e fuoco. Un universo nel quale i moti dei cieli erano la causa di ogni mutamento e di tutta la varietà che si incontrava nel mondo, in un gioco di reciproche influenze nel quale stelle e pianeti ispiravano pesantemente i destini umani. Mi aiutarono, ricordo, a prendere confidenza con il movimento dei pianeti e delle stelle fisse i cerchi mobili di cartone di vari colori che Pietro Apiano aveva inserito nel suo *Astronomicum Caesareum*. Ma Flemløse mi spiegò che era uno strumento grossolano, adatto ai principianti, che poteva dare un'idea solo approssimativa dei moti delle sfere, che dovevo affrontare testi più impegnativi se volevo realmente padroneggiare l'alchemica geometria delle traiettorie celesti. Fu così che mi dedicai allo studio della matematica. Studiai *Elementa geometricae* di Euclide e il *De triangulis omnimodis* di Regiomontano, seguiti poi dall'*Ars Magna* di Girolamo Cardano e da opere di Peurbach, Reinhold e studiosi arabi. Familiarizzai inoltre con il trattato *Sphera mundi novit recognita* di Sacrobosco, il testo più usato per insegnare astronomia nelle università europee. Solo a quel punto Flemløse mi permise d'avvicinarmi ai tredici libri dell'*Almagesto*, che rilessi più di una volta, chiedendo aiuto per i passaggi più complessi. Appresi allora che il moto dei pianeti seguiva percorsi circolari chiamati deferenti e che tale movimento andava corretto per adeguare la descrizione geometrica alla realtà. Così i cerchi minori chiamati epicicli, come gli eccentrici e gli equanti, erano stratagemmi matematici per rendere conto delle osservazioni, per adeguare il sistema geocentrico ai movimenti reali dei corpi celesti, caratterizzati da velocità mutevoli e da spostamenti a tratti retrogradi.

Da poco stavo prendendo confidenza con questi concetti, quando scoprii che nuove idee e audaci teorie sconvolgevano i filosofi naturali. Tra queste, quelle del polacco Copernico che aveva elaborato un sistema nel quale non era più la Terra a essere al centro dell'universo, bensì il sole. Sbalordii, intuendo la portata di simili affermazioni. Volli saperne di più. Flemløse mi diede allora un manoscritto, che Tycho aveva ricevuto anni prima a Ratisbona dall'amico Thaddeus Hagecius. Quei fogli costituivano il *Commentariolus*, un piccolo trattato scritto da Copernico, nel quale l'astronomo esponeva brevemente le sue idee. Appresi dal suo pensiero che tutti i moti dei cieli erano apparenti e semplicemente attribuibili a tre moti della Terra: il suo moto di rivoluzione attorno al sole lungo una circonferenza, il suo moto di rotazione attorno al proprio asse, che determinava il movimento della sfera delle stelle fisse, e il moto in declinazione dell'asse terrestre che rendeva conto del lento movimento verso est dell'ottava sfera. La forza di quei nuovi concetti mi tolse il sonno per notti intere. Vagavo da un'ora all'altra nel buio della mia minuscola stanza, spiando la porzione di cielo che intravedevo attraverso la finestra, in preda a uno stordimento che poco assomigliava al sonno, nel quale si accavallavano visioni di stelle, sfere e pianeti che si frantumavano in un silenzio agghiacciante.

Flemløse mi consigliò allora la *Narratio Prima* di Rheticus, ma fu una lettura che non mi soddisfò, perché si trattava di un compendio che dava solo un'idea dell'opera di Copernico senza averne l'estensione. La questione era che mi sentivo sufficientemente pronto ad affrontare costruzioni complesse, la matematica o lo studio duro non mi spaventavano. Mi ero fatto le ossa e desideravo solo mettermi alla prova. Così ebbi un tuffo al cuore il giorno in cui Flemløse tolse dal più alto dei ripiani della libreria una copia della seconda edizione del *De revolutionibus orbium coelestium* di Copernico e me la lasciò in lettura.

La copia che avevo avuto il permesso di consultare apparteneva alla seconda edizione ed era stata pubblicata a Basilea nella stamperia di Heinrich Petri. Sfogliai le pagine segnate con appunti di Tycho e di altri e poi mi immersi nello studio. Gli otto libri sviluppavano la teoria eliocentrica con completezza di conti ed esaurientemente. Copernico riusciva a rendere ragione del moto delle sfere celesti usando solo epicicli e deferenti, senza ricorrere agli equanti.

Era tardo pomeriggio quando conclusi la lettura. Quanti giorni erano trascorsi da quando avevo iniziato? Le ore di studio si erano saldate a formare un unico istante che aveva attraversato giorni e notti, intaccato settimane, fermato le stagioni. Era come se non avessi mai distolto l'attenzione dalle parole di Copernico, né durante il sonno né durante i momenti di pausa richiesti dai miei obblighi quotidiani. Avevo riempito i margini del testo di note, aggiungendo commenti a quelli esistenti o scrivendone di nuovi. Avevo fatto miei nuovi saperi, ma questi avevano generato nuovi dubbi, come se, squarciare il velo di un mistero, avesse messo in luce l'esistenza di altri e più profondi misteri. Mi alzai dallo sgabello e mi avvicinai a Flemløse. «Copernico non mette in dubbio l'esistenza delle sfere di Aristotele» dissi.

Flemløse alzò il capo verso di me. «No. Probabilmente non intende distruggere tutto. In qualche forma deve legarsi al passato, alla tradizione.»

«Tu gli credi?»

«Anch'io come Tycho ti posso dire che le tavole pruteniche sono più precise delle tavole alfonsine, che la posizione dei pianeti la si trova con maggior precisione. O, meglio, con maggior facilità.»

Non mi mossi. Non ero soddisfatto. «Ma come si muovono allora i pianeti?»

«Descrivere con esattezza i movimenti di un pianeta e spiegare le cause di tali movimenti sono problemi di natura differente.» La voce di Tycho risuonò grave dentro la biblioteca. Non mi ero accorto che fosse entrato. Mi voltai verso di lui e guardai a terra.

Tycho continuò: «Ovviamente quasi tutto il mondo antico e buona parte dei filosofi attuali considerano indiscutibile l'idea che i cieli siano fatti di una sostanza dura e impenetrabile, divisa a formare varie sfere, e che i corpi celesti, attaccati a queste sfere, ruotino seguendo il movimento delle sfere a cui sono fissati. Ma quest'idea non corrisponde a verità. Non esistono sfere nei cieli, ma solo nell'immaginazione di questi eruditi che non sanno riconoscere una realtà diversa da quella che hanno imparato nei libri, senza aver mai rivolto uno sguardo alle stelle attraverso uno strumento».

Come sempre, davanti a Tycho, andavo oltre il consentito. Mi azzardai a obiettare: «E che prove avete per affermarlo?».

Lui non si spazientì. Forse la mia impertinenza, la mia

protervia, in parte lo divertivano. «Ricordi la cometa che vedemmo la sera in cui ti chiesi di venire con noi? Ebbene le mie osservazioni dimostrano che, se le sfere esistono, quella cometa nella sua traiettoria ne ha bucata più d'una. Una traiettoria non propriamente circolare, ma alquanto oblunga, come la figura che comunemente è chiamata ovale.»

«Allora le sfere non esistono.»

«Esiste ciò che è dimostrabile, ciò che il Signore ha reso dimostrabile. Perché i fenomeni, così come sono, li ha voluti il Signore nella sua infinita sapienza il giorno in cui ha creato il mondo.»

# IX

*Nulla rivela la natura del Bene più pienamente della luce.*

MARSILIO FICINO Liber de sole

Gli osservatorî astronomici erano posti al primo piano, nell'ala sud e nord della casa, sopra alla biblioteca e alle cucine, in forma di padiglioni circolari che fuoriuscivano dal blocco centrale dell'edificio. Due per ala, uno grande e uno piccolo, quattro in totale, collegati da passerelle, con tetti conici ricoperti da pannelli di legno asportabili, che venivano aggiunti o levati a seconda delle parti di cielo da osservare.

Imparai a distinguere gli strumenti, ad adoperarli esattamente, a usare le tavole per correggere le misure delle posizioni dei corpi vicini all'orizzonte, falsate in altezza dalla rifrazione della luce. Apprendevo in fretta. Come lo studio, anche quello era un ambito nel quale la mia statura non mi penalizzava. Tra gli strumenti di misura mi sentivo a mio agio, capivo osservando gli altri, e la volta successiva ero in grado di ripetere i procedimenti. C'era il semicircolo verticale che ruotava attorno a un asse ed era fornito di un circolo orizzontale per la misura dell'azimuth rispetto al meridiano celeste; poi c'erano il sestante e il quadrante che misuravano le altezze rispetto all'orizzonte o le distanze tra due oggetti celesti. Imparai anche il metodo dei punti trasversali, che permetteva di eseguire misure di angoli fino ai minuti d'arco. Tycho insisteva con la precisione, sosteneva che la mancanza di precisione era il motivo per il quale ancora non si riusciva a stabilire con sicurezza la natura dei moti celesti, che le misure di Uraniborg dovevano essere le migliori della storia dell'astronomia. Ci seguiva, osservava come svolgevamo i nostri compiti, controllava l'esatta disposizione dei mirini degli strumenti, eseguiva misurazioni lui stesso. Nel freddo delle lucide notti invernali il fiato delle sue parole gli si raddensava davanti alla bocca e grumi gelati gli si formavano sulla barba. Tremava per il freddo, ma mai abbandonava la postazione prima di noi. D'estate, invece, anche se le notti erano corte e luminose, tutto diventava più semplice. Le stelle seguivano le loro traiettorie incastonate nella trasparenza eterea della loro sfera; Tycho le guardava e mi accorgevo che la sua anima si spalancava, come a volerle accogliere. E anch'io, nei momenti in cui il vento si acquietava, avevo l'impressione di cogliere l'impercettibile brusio dei meccanismi dell'universo che scandivano imparziali il tempo delle nostre vite terrene.

La incontravo nei corridoi all'improvviso, compitamente abbigliata nei suoi vestiti sobri con la cuffia a incorniciarle il volto, mentre si aggirava per verificare che ogni cosa fosse al suo posto, che tutti compissero il proprio dovere. Nelle sue richieste era gentile e nello stesso tempo ferma, nessuno le disubbidiva; anche Live sembrava recedere in sua presenza. Si muoveva sempre silenziosa, seguita dalla figlia Magdalene, la sua copia in miniatura. Le stava dietro come un'ombra, aveva gli stessi occhi, la stessa maniera di muoversi. Sembrava ne assorbisse l'essenza vitale a ogni passo, che ne copiasse le posture, la pronunzia delle scarne parole, la forma delle labbra nel momento in cui si formavano le sillabe.

Kirsten svolgeva il suo ruolo di moglie e di padrona di casa, esibendo la stessa riservatezza che aveva manifestato quando l'avevo conosciuta. C'erano contesti dai quali si ritraeva senza che nessuno le facesse capire che era necessario, evitando al suo sposo ogni imbarazzo. C'erano ospiti di fronte ai quali nemmeno compariva e cedeva il posto a Sophie, la sorella di Tycho. Il suo corpo longilineo non tradiva le gravidanze né la sua anima mostrava tracce della prematura scomparsa dei suoi primi nati. La piena del dolore non aveva lasciato segni evidenti su di lei.

*I ricordi li ha rinchiusi dentro un involucro trasparente, li vede ma sono distorti, lontani. Qualche volta l'involucro si rompe e allora i ricordi si fanno vicini, dolgono nuovamente. È un tracimare di immagini intollerabili che dura pochi istanti. La piccola figlia che trotterella sulla spiaggia di sassi davanti a un mare grigio; lingue liquide che lambiscono pietre levigate, mentre sull'altro lato del braccio d'acqua si scorge il cantiere del castello di Kronborg; le passeggiate lungo la penisola di Kullen, verso il faro, con la bimba che articola le prime parole. Poi la malattia, tossi e febbri farneticanti. I giorni a letto che intristiscono la piccola, le tolgono forza, danno alle ore un torpore letargico. Kirsten la assiste scorata, detergendole la fronte bianca, preparandole infusi. Più dottori la visitano, giungendo a conclusioni differenti, prescrivendole cure che non producono miglioramenti. Vivono al chiuso, con le tende tirate, nella casa che odora di legno umido e di fumo di inverni trascorsi. I vicoli di Helsingborg puzzano di alghe e di aringhe, hanno sporcizia negli angoli che la pioggia trascina a mare. La febbre sembra torturare il corpicino in ogni fibra. Ogni respiro è uno sprofondare dentro a una fossa seguito da un faticoso rantolare per risalire incontro a una fiamma smorta. Prima di dimenticarsi di respirare la figlia la guarda un'ultima volta e le prende il dito di una mano. Il corpo della piccola giace inerte nella cassa spoglia, le labbra sigillate sono pal-*

*lide come cera, sulle palpebre abbassate brillano trasparenze ittiche. Kirsten si trova a pensare che solo un nuovo nato potrebbe salvarla dall'abisso sul quale ha posato per un attimo lo sguardo. Anche se la ragione le dice che non c'è nessuna salvezza, il suo cuore la obbliga a non disperare. Tycho è affettuoso e solerte, tenta di mitigare con l'amore il suo dolore materno. Kirsten si abbandona alle sue braccia amorevoli, a quelle braccia che l'hanno sempre sostenuta, che non l'hanno tradita mai.*

*Scopre di essere di nuovo incinta davanti al mare. È una sensazione che le trasmette l'acqua, il movimento quasi finto delle onde, l'odore di legno e alghe macerate dal vento e dal sale. Ne ha la certezza assoluta in un attimo ben preciso, mentre un'onda si frange tra i ciottoli della riva con un rumore simile a un risucchio. Capisce che nel suo grembo sta crescendo un nuovo figlio e piange per la commozione. La sera stessa annuncia in una lettera la notizia a Tycho.*

*Tra i ricordi che tiene rinchiusi nell'involucro c'è anche il dolore al ventre, il lungo travaglio, il corpo rosso della nuova creatura che respira a stento. La tenerezza che prova prendendolo tra le braccia sembra allontanare la ferita recente, mentre il sesso devastato le brucia come se le avessero gettato sopra dell'acido. Gli occhi del bimbo però si chiudono velocemente, sulle loro palpebre pesa una misteriosa fatica. Poppa di malavoglia, sembra che il latte non lo soddisfi. Sembra che il vivere, il respirare stesso, sia un obbligo superiore alle sue gracili forze. Si abbandona tra le sue braccia a un silenzio innaturale. Kirsten ha appena il tempo di mettergli un nome. Quando giunge Tycho, si accorge che condividere un dolore lo lascia sempre identico a se stesso, non lo tramuta e non lo sopisce. Tycho si fa silenzioso, assorto nei suoi pensieri di cieli lontani, forse tormentato anch'egli da un male ineffabile. È sempre gentile, ma è come se qualcosa fosse morto nel suo petto, come se il cuore avesse saltato un battito. Poi riparte e lei rimane di nuovo sola. Le si impianta in bocca un sapore acre, di mandorle amare, che le infradicia i respiri, che le guasta ogni boccone. Si reca giornalmente nella spoglia cattedrale di Väsby e si sofferma sul quadratino di pietra bianca dove è inciso il nome di Claus. Di fronte a quella dimora fredda e definitiva la sua disperazione sembra valicare una muraglia nera dietro alla quale si estende un vasto nulla. Scrive a suo padre, che le risponde con parole cariche d'affetto. C'è in quelle parole un tepore che mitiga il rigore della gelida pietra posta sopra al cuore della sua creatura. Dispera meno, recupera forze, voglia di vita. L'amaro che ha in bocca lentamente s'attenua. Riconosce il sapore dei cibi, a partire dall'acqua. Quando Tycho ritorna, i ricordi sono lontani, il dolore è stato riposto in un involucro trasparente, dal quale solo di rado viene fuori.*

Quando veniva a cercarmi nella biblioteca per affidarmi qualche commissione, temendo di distrarmi dai miei studi, aspettava che sollevassi lo sguardo dal libro che avevo davanti prima di rivolgermi la parola. Io percepivo la sua presenza e non sollevavo il capo. Attendevo un suo gesto che non arrivava. Ero sempre io a cedere. La sua vicinanza mi procurava gioia. Una volta rimproverò Magdalene che, giudicandomi evidentemente in base alla statura, mi aveva chiesto di giocare con lei. Lo fece con poche parole taglienti e uno sguardo indignato che costrinse la figlia ad arrossire. Io ripensai a mia madre, al suo corpo che si decomponeva nel grembo della terra, ai suoi sguardi pieni solo di rassegnazione.

Live nei miei confronti diventò più materna, più dolce, più protettiva. Sentiva in cuor suo forse il dovere di sostituirsi a mia madre. Quando passavo per la cucina, nell'ala nord, pescava acqua dal pozzo nel mezzo della stanza e mi preparava bevande calde con le erbe che raccoglieva vicino alle scogliere. «È per rinforzarti. Sei pallido e debilitato» mi diceva porgendomi la ciotola fumante. Quelle attenzioni le apprezzavo solo in parte. Il più delle volte m'infastidivano. Ci riconoscevo dentro la finzione di sempre, l'esangue pietà che m'impuntavo vanamente a scansare, la gentilezza un po' untuosa che s'adoperava con i malati gravi e i dementi e che, unitamente alle derisioni, sopportavo fin dalla nascita. Ero cambiato, ero cresciuto, ma il cambiamento era avvenuto dentro alla mia testa, non era visibile, non lo si poteva toccare. Pochi lo riconoscevano, pochi erano in grado di apprezzarlo. Ciò che i più coglievano era solo e sempre il corpo di un uomo minuscolo, della statura di un bambino, deformato da una gobba ridicola. E se gli altri non sono disposti a riconoscerti un ruolo differente, rimani sempre intrappolato nel solo che hanno ritagliato per te.

Quando mi capitava di esprimere con proprietà un qualche parere riguardo a questioni astronomiche al di fuori della cerchia dei soliti, mi accorgevo di creare imbarazzo, di mettere a disagio. Gli occhi si facevano vacui, lo sguardo cercava punti di fuga, transitava oltre, scalpitava. E dentro a quell'imbarazzo scompariva anche ciò che avevo detto, come rimosso all'istante, come se le parole non fossero state nemmeno pronunciate. Il fatto che fossi stato io a pronunciarle, mi accorgevo, le sminuiva, toglieva loro valore.

Ero nella mia camera, in piedi sullo sgabello, intento a osservare i campi dell'isola illuminati dalla luce lunare. Da poco aveva cessato di piovere e sull'erba brillavano sparute gocce d'acqua. Morsing bussò alla mia porta ed entrò senza aspettare una risposta. Scesi dallo sgabello e gli feci segno di sedere sul letto, ma preferì restare in piedi. Accesi una candela e la posai su un'asse che utilizzavo come sostegno per i libri che leggevo in camera. La figura di Morsing disegnò un'ombra netta contro la parete. Al di sotto della pelle sottile del volto, la candela sembrò evidenziare il contorno del teschio. Distolsi lo sguardo per allontanare da me quel presagio.

Morsing disse: «Ho parlato con Tycho».

«Perché? Che è successo?»

«Prepara le tue cose. Domani partiamo.»

Per un istante mi sentii crollare. «Partiamo per dove?»

«Per Frauenburg. Tycho vuole che visitiamo la città dove è morto Copernico.»

# X

*Perciò sono sufficienti 34 circoli, con i quali risulta spiegata tutta la macchina del mondo e tutti i moti circolari degli astri.*

Niccolò Copernico Commentariolus

Il villaggio scomparve dietro il promontorio. Un istante prima i tetti erano visibili e l'istante successivo era rimasto solo qualche sbuffo di fumo che si amalgamava a un fondale di alte nuvole bianche. Non avevo mai lasciato l'isola. Mentre l'imbarcazione si allontanava, la vidi rimpicciolire lentamente. La costa frastagliata si deformò, si appiattì, riducendosi a una linea parallela al mare. Doppiata la punta settentrionale, la chiesa di Sankt Ibb, sulla sommità della scogliera, si trasformò in una macchia chiara, confusa tra le rocce e gli arbusti. Provai per brevi istanti un senso di distacco e di recisione, una tristezza tipica di ogni viaggiatore all'atto della partenza e, in aggiunta, una forma di estraneità nei confronti di luoghi che mi appartenevano ma non riconoscevo. Ero perso, in balìa di un mondo superiore alle mie forze, inerme, senza gli strumenti per affrontare l'ignoto che mi stava davanti. Quel timore sconosciuto mi si raddensò nel corpo, lo sformò, lo sottopose a trazioni alle quali non era abituato. Percepii le giunture dolermi più del solito e le ossa forzare dolorosamente il minuscolo scrigno dentro al quale erano compresse.

*

Il mare calmo favoriva la navigazione, i marinai avevano issato una vela candida che si era subito riempita di vento. Allungai una mano verso l'acqua senza arrivare a toccarla. Nella nostra coda si schiudeva una scia di spuma e di bolle. Le voci dei marinai, che si spostavano agilmente nell'imbarcazione, si mescolarono allo sciabordio delle onde. Stordito dalla luce e dai rumori, socchiusi gli occhi e rividi mio padre come nel sogno della sua morte, di spalle, in un campo di grano. La visione inattesa, dovuta forse alla mia condizione d'animo, accrebbe il mio turbamento. Tentai allora di rammentare il viso di mia madre, ma vi riuscii in modo imperfetto. C'era come un'ombra indefinita che lo copriva, che lo mascherava. Sentivo il bisogno di qualcosa che mi rassicurasse, ma dentro non riuscivo a trovarlo. Riaprii allora gli occhi e guardai il mare. La vista del mare aveva da sempre su di me un influsso benevolo, come se stimolasse qualche registro profondo. La costa dello Sjaelland era vicina, si riconoscevano gruppi di case di pescatori e carri in movimento in una strada tra i boschi. Morsing era seduto a prua. Si voltò a un certo punto e mi indicò le abitazioni lontane di Copenaghen che erano comparse all'orizzonte. Tra le case, tutte concentrate attorno allo Slotholmen, si distinguevano le pietre del vecchio castello e le architetture della Vor Frue Kirke e della Petri Kirke. Edifici dei quali avevo solo sentito parlare, ma mi fu sufficiente scorgerli per ricondurli alle descrizioni che ne avevo ricevuto. Fiutai l'aria come un animale. Il sentore penetrante dell'acqua marina mi tenne compagnia fino all'ingresso nel porto.

Dovevamo attendere mezza giornata prima che il nostro imbarco per Danzica fosse pronto; allora Morsing propose di andare in una taverna, dove avremmo potuto ristorarci. Entrammo in una stanza posta sotto al livello della strada e con le pareti sporche di fumo, nella quale erano disordinatamente distribuiti tavolacci di legno, botti e un fuoco spento. Alcuni avventori erano seduti a un tavolo accanto all'ingresso e discutevano in tedesco. Morsing scelse di sedersi nell'angolo opposto, accanto al focolare. Salii sullo sgabello, ma arrivavo a stento all'orlo del tavolo, scavato da tagli e incisioni. Morsing ordinò da bere e l'oste, grosso e con i denti marci, ci spillò due boccali di una birra torbida e schiumosa e ce li servì con un piatto di pesce salato. Bevemmo la birra in silenzio. La schiuma mi lasciò un cerchio attorno alla bocca che mi tolsi con il dorso della mano. Nel riquadro luminoso della porta aperta sfilavano rapide figure umane che non riuscivo a trattenere nello sguardo. Non ero abituato alla confusione, la vita del porto era un insistente ribollire di richiami, un vocìo che assillava senza tregua. Mangiammo il pesce salato e ordinammo una seconda birra. L'oste ci servì rapidamente, ma prima di allontanarsi aspettò che lo pagassimo. Morsing pescò le monete da un sacchetto che Tycho gli aveva affidato alla partenza.

«Che cosa si aspetta Tycho da questo viaggio?» chiesi dopo un po'.

«Si è accorto che la teoria solare di Copernico differisce dai dati in suo possesso e ritiene che l'errore nella posizione del sole sia da attribuire a uno sbaglio nella misura della latitudine di Frauenburg. Inoltre ha ragione di credere che ci sia un errore anche nelle misure dell'altezza del sole nei solstizi invernali ed estivi, conseguenza del fatto che Copernico non ha tenuto conto della rifrazione della luce. Un errore che dovrebbe essere intorno ai quattro primi d'arco. Andiamo là per nuove rilevazioni.»

«Per questo eri sufficiente tu, a che cosa ti servo io?»

Morsing con un ampio giro di parole mi lasciò capire che non lo sapeva, ma che l'idea di viaggiare in compagnia non gli era dispiaciuta. A Uraniborg era responsabile del libro del tempo, un volume dalla copertina nera nel quale annotava giorno per giorno il tempo atmosferico e i principali avvenimenti quotidiani. Quel libro adesso era parte del nostro bagaglio, assieme a un sestante che sarebbe venuto utile al momento delle misurazioni.

«Lo hai portato con te» dissi indicando l'angolo del libro che spuntava dal suo bagaglio.

Morsing guardò distrattamente il libro e poi si rivolse a me con un'espressione strana. «Vuoi conoscere un segreto?»

Per quanto la mia statura permetteva, mi avvicinai a lui che, istintivamente, aveva abbassato la voce.

«Tycho mi ha chiesto di annotare nel libro i fatti più importanti che accadono sull'isola, ma ha precisato che tu non devi essere nominato mai.»


La traversata fino a Danzica durò nove giorni. Stetti male tutto il tempo. Non feci altro che vomitare e la sola vista del cibo mi procurava nausea. Il mare restò abbastanza quieto, anche se il cielo fu quasi sempre coperto, ma il rollìo e il beccheggio della nave mi furono ugualmente fatali. L'equipaggio rideva vedendomi pallido e impotente, solo Morsing insisteva affinché bevessi almeno un po' d'acqua. Trascorrevo le notti insonni sul ponte a scrutare il buio che ci circondava. I rumori del vento e dell'acqua riempivano il vuoto che sembrava fasciarmi; avevo l'impressione di essere un seme affondato dentro alla terra cieca. Di quando in quando, lungo la costa, si intravedeva il lume di un casolare isolato, ma erano visioni fugaci, rapide a scomparire quanto lo erano state ad apparire. Poi la tenebra ingoiava ogni cosa. Di giorno, invece, osservavo la costa che si srotolava conservando le forme e la vegetazione. Navigavamo senza allontanarcene troppo, fermandoci in punti sicuri a imbarcare acqua dolce o altre merci. Ne approfittavo per scendere a terra e muovere qualche passo su un terreno stabile, ma erano soste troppo brevi perché mi riuscisse di trarne beneficio.

Danzica era una città di mercanti che aveva fatto parte della Lega Anseatica. Posta sul ramo più occidentale del delta della Vistola, a breve distanza dal mare, dove si avvicendavano navi pronte a caricare il grano proveniente dalla Polonia e dalla Prussia Orientale, era il centro principale di una regione con numerosi porti e coste ricche di ambra. Fin dal mare si distingueva la mole della Pfarrkirche e l'alta torre nei pressi del palazzo municipale. Sbarcammo nella luce ampia di un mattino di maggio e subito ci mettemmo in cerca di un passaggio verso la nostra destinazione. Trovammo al mercato il carro di un contadino che doveva risalire la costa in direzione della laguna sulle cui rive sorgeva Frauenburg, poco oltre la fertile regione delimitata dai rami del delta della Vistola. Nella zona, dove abbondava il pesce, si parlava tedesco, ma nei villaggi e nelle campagne era frequente incontrare persone che si esprimevano nei dialetti locali. Giungemmo a Frauenburg verso il tramonto. La città, incendiata nella guerra tra i Cavalieri Teutonici e il re di Polonia, conservava pochi indizi dell'assedio di più di mezzo secolo prima. La cattedrale sovrastava l'abitato come una fortezza, con le sue mura sferzate dal vento del nord e la sua architettura severa. Trovammo alcuni canonici e il professor Menius, venuto appositamente da Königsberg, ad aspettarci e a offrirci ospitalità. Purtroppo quella sera il cielo si velò e restò coperto anche nei giorni seguenti, così da impedirci ogni misura.

Trascorrevamo il tempo discorrendo di astronomia, illustrando le osservazioni che dovevamo effettuare e chiedendo del lavoro e della vita di Copernico. Uno dei canonici più anziani, che era poco meno che trentenne al momento della sua morte, lo ricordava bene. Lo descrisse come un uomo buono e taciturno, che non esitava a usare le proprie conoscenze mediche per aiutare chiunque avesse bisogno. Un uomo mite che per anni aveva rimandato la pubblicazione dell'opera che gli stava dando lustro e gloria in tutto il mondo conosciuto. Morsing, invece, rispondeva a domande che riguardavano soprattutto Uraniborg, la cui fama aveva ormai raggiunto i confini dell'Europa. Soddisfaceva la curiosità di tutti con pazienza, ricorrendo a volte a un tedesco elementare ma efficace, con il quale descriveva l'isola, il palazzo e la strumentazione che utilizzavamo. Il professor Minius, a nome delle autorità della città, ci chiese di trovare il tempo per recarci anche a Königsberg, in modo da determinare la sua latitudine precisa. Il decano dei canonici ci offrì invece uno strumento appartenuto a Copernico da portare in dono a Tycho; un triquetro in abete con una scala graduata in inchiostro, contrassegnata dallo stesso astronomo polacco.

Io, pur essendo presente alle discussioni e alle altre cerimonie ufficiali, memore delle reazioni alle mie parole, evitavo di intervenire. Non mancavo però di domandarmi perché Tycho aveva insistito che accompagnassi a Morsing. Tutti erano gentili con me, ma il rispetto che mi portavano era dovuto al prestigio di Tycho e al fatto che fossi lì per suo volere. La mia presenza era tollerata, non gradita. Che un nano si unisse a studiosi che discorrevano eruditamente era di certo cosa che ai loro occhi appariva alquanto bislacca. Mi mancava la vita ordinata che trascorrevo a Uraniborg. Mi mancava lo studio, al quale avevo preso l'abitudine.

Il torrione dove viveva Copernico era collocato nell'angolo di nordovest delle mura che circondavano l'altura sulla quale era stata eretta la cattedrale. La stanza dove si ritirava era al piano più alto, da ciascuna delle sue nove piccole finestre si scorgeva il mare e la linea fragile delle onde che schiumavano lungo la costa, fino a dove lo sguardo riusciva a spingersi. Dalla cima del torrione, in una giornata ventosa che pulì il cielo, riuscimmo a effettuare, a una settimana dal nostro arrivo, le prime misure alle quali Tycho tanto teneva. Dopo, ci trattenemmo in quello che era stato lo studio di Copernico, conservatosi, a detta dei canonici, come all'epoca. In un angolo della stanza c'erano alcune scansie vuote dove, probabilmente, avevano trovato spazio le sue carte e i suoi libri, e un poco discosto il letto nel quale si era spento. Mi immaginai Copernico, seduto nel punto più luminoso della stanza, intento a studiare le pagine dei suoi testi. L'arredamento essenziale del luogo mi rammentò la mia stanza a Uraniborg. Sentivo le voci di Morsing e del professor Menius che discorrevano, ma le percepivo distanti, come se fossero altrove. Mi avvicinai al letto e lo toccai.

*Giace disteso senza più muoversi ormai da alcuni mesi. I passaggi tra il giorno e la notte sono solo un flebile svaporare di toni di grigio. Non parla. Le poche volte in cui apre gli occhi c'è sempre qualcuno accanto al suo letto. Georg di tanto in tanto si accosta al suo volto e lo chiama sottovoce: «Nikolaj! Nikolaj!»; poi gli solleva la testa e lo aiuta a bere. In genere acqua o bevande calde. Nikolaj non riesce a ingoiare altro. Non parla ma, rinserrato nel suo infermo silenzio, ricorda. Rivede Padova, le acque scure e chete del Bacchiglione che la circondano, le rane gracidanti sulle sue rive erbose, le lunghe dispute assieme a Fracastoro, assisi nell'orto della sua casa durante le tiepide sere, con gli occhi rovesciati alla volta stellata, evocando Eraclide, Aristarco di Samo e Averroé, alla ricerca di nuovi sistemi armonici adatti a ricreare il movimento dei cieli. Rammenta il freddo gennaio nel quale*

*Frauenburg brucia, la fitta nevicata che unisce cielo e terra in uno spolverìo gelato e il fumo che sale dall'incendio, lambisce la facciata della cattedrale e si mischia al cupo grigiore delle nubi basse. Cenere e neve che vorticano per le strade deserte, percorse da cavalieri solitari, inseguiti dal rumore dei loro stessi zoccoli e dal nitrito di cavalli sbandati. Le fiamme che sfrigolano nel gelo, alimentate da raffiche che arrivano dal Frisches Haff e scorticano la terra brulla. Si ricorda di Rheticus, il giorno del loro incontro, quando lo vede avanzare lungo uno dei lati del chiostro, puntare diritto su di lui e chiamarlo «Maestro». Nikolaj ha ancora presenti le sue insistenze, le sue esortazioni affinché il suo lavoro sia reso pubblico, affinché il Commentariolus abbia il seguito annunciato tanti anni prima. Gli parla della stamperia di Johannes Petreius, a Norimberga, di come lo stampatore sia persona precisa e affidabile. Gli parla dei metodi di stampa e della fabbricazione dei fogli di carta, dei sottili telai che separano le fibre grezze dall'impasto producendo la caratteristica filigrana. Nikolaj si lascia convincere, le sue obiezioni si fanno sempre più deboli, insensate, la sua reticenza perde di significato. Alla fine Rheticus ha la meglio, perché è più giovane, perché i suoi modi, le sue parole hanno una forza che lo piegano, l'entusiasmo di anni che lui ha ormai dimenticato.*

*Nikolaj apre gli occhi. Intorno al letto ci sono parecchie persone, stenta a riconoscerle tutte. Alcune stanno pregando a capo chino. Nikolaj guarda il crocifisso e pensa che la fine è molto vicina ma non la teme; gli pare d'aver vissuto un numero d'anni sufficiente, d'aver avuto molto e d'aver dato secondo le sue possibilità, da buon cristiano. È tranquillo. Cerca qualche parola da sussurrare ai fratelli che gli sembrano più afflitti, ma si accorge che gli mancano. Strano, le parole non gli hanno mai fatto difetto, soprattutto quelle di conforto. Poi pensa che sarebbe inutile, perché, anche se trovasse le parole, non riuscirebbe a pronunciarle. È stanco di una stanchezza inutile, che lo rende pigro. È giorno, ma gli sembra che nella stanza manchi luce.*

*Volge il capo verso una delle finestre e lo sforzo al quale si deve sottoporre è sovrumano. Nello stesso istante la porta si apre e compare Georg. Nikolaj pensa che prima non si era accorto che mancava solo lui. Georg si avvicina al letto, ha in mano un pacco di fogli. Ne avvicina uno al viso di Nikolaj. «Eccolo» gli dice sorridendo. Nikolaj non ha la forza di sollevare il braccio e di prendere in mano il foglio, non ha più potere sul suo corpo esausto e consumato, ma ha forza sufficiente per leggere.*

### Nicolai Copernici Torinensis De Revolutionibus Orbium Coelestium, Libri VI

*Leggere il suo nome sul foglio non lo spaventa: accada quel che deve accadere, adesso nulla più lo riguarda direttamente, nulla più dipende da lui. Tre volte nove raccolti ha atteso prima di pubblicarlo, il triplo di quanto indicava Orazio. La luce è sempre più fioca, ma lui continua a leggere.*

Habes in hoc opere iam recens nato, & aedito, studiose lector, Motus stellarum, tam fixarum quam erraticarum...

*Va facendosi sempre più buio, come se qualcuno smorzasse una a una le candele dentro alla stanza. Nikolaj già non distingue più i fratelli lontani*

... cum ex veteribus, tum etiam ex recentibus observationibus restitutos...

*Il buio sale come una marea, come acqua di una chiusa aperta*

... & novis insuper ac admirabilibus hypothesibus ornatos...

*Il foglio scompare dentro al buio che ha invaso la stanza. Nikolaj chiude gli occhi. È stanco. Non c'è differenza tra il buio di fuori e il buio cha ha dentro.*

\*

«A che cosa stai pensando?» Morsing mi stava squadrando con attenzione. Impiegai alcuni istanti a capire. «A niente» risposi.

«Allora andiamo, ci stanno aspettando» aggiunse.

Tolsi la mano dal letto e lo seguii. Il professor Menius era uscito prima di noi e si era fermato davanti all'ingresso della cattedrale. La luce esterna mi fece male agli occhi. Li socchiusi. Il cielo era limpido. L'aria aveva l'odore del mare, come sull'isola, dove Tycho attendeva il nostro rientro.

Il viaggio di ritorno fu per me una tortura identica all'andata. Il caldo estivo, che condensava all'orizzonte in un'afa grigia e soffice, aggravò la mia nausea e i miei dolori.

Rividi con gioia i luoghi amati e vi sbarcai, pestando la terra come a provarne la consistenza. Anche la ripida salita che conduceva al villaggio non mi pesò, e la visione di Uraniborg, che si innalzava maestosa nel mezzo dell'isola, mi rincuorò. Per la prima volta comprendevo che cosa significasse ritornare a casa. Per la prima volta sentivo di avere una casa, che esisteva al mondo un luogo al quale appartenevo.

Tycho gradì molto il dono del canonico di Frauenburg e fece sistemare il triquetro in uno degli osservatorî più piccoli. Poi ci convocò in biblioteca e pretese una relazione dettagliata del nostro viaggio. Morsing gli raccontò delle cose che avevamo visto, delle persone che avevamo incontrato, delle misure che avevamo compiuto. Parlò a lungo e Tycho lo ascoltò senza distrarsi e senza far commenti. Il suo volto aveva l'espressione concentrata che si trovava in alcune tele che lo ritraevano. Quando ci congedò, era quasi ora di cena. Salii nella mia stanza a riposare. Le mie povere ossa, sottoposte al logorio del lungo viaggio, erano indolenzite. Mi sdraiai e chiusi gli occhi. Mi ero quasi addormentato quando sentii bussare. Andai ad aprire e mi trovai di fronte

Tycho. Lo stupore di vederlo mi tolse ogni reazione. Lui attese alcuni istanti e poi disse: «Non mi lasci entrare?». Mi scostai immediatamente e lui passò. Chiusi la porta. Ero ancora imbambolato. Tycho osservò dalla finestra l'erba dei prati muoversi dolcemente nella brezza della sera. Non lasciava trasparire emozioni, credo che lo divertisse vedermi in imbarazzo. Quando con un movimento fintamente incurante riportò la sua attenzione di nuovo su di me, disse: «Adesso voglio che mi racconti quello che hai visto tu».

# XI

*Ogni singolo pianeta testimonia
il fatto che la Terra si muove e che noi,
anziché renderci conto dei suoi cambiamenti
di posizione, crediamo che siano i pianeti
a vagare nei modi più disparati.*

GEORG JOACHIM RHETICUS Narratio prima

Spostandomi sul pavimento freddo, raccolsi un boccone di cibo che qualcuno, distrattamente, mi aveva lanciato male. La sala verde era illuminata dal chiarore delle ore precedenti il tramonto. Le decorazioni floreali sul soffitto brillavano di riflessi dorati. Tycho e Kirsten avevano occupato i posti al centro della lunga tavola che attraversava interamente la stanza, seduti di fronte alle finestre dalle quali si scorgeva la costa dello Sjaelland. I servi entravano dalle porte poste ai due estremi e servivano i commensali dal lato del tavolo rimasto libero.

«Ehi, buffone, raccontaci una storia divertente!»

Sentii il tepore dello sguardo di Tycho sulla nuca, anche se non era stato lui a parlare. I commensali continuarono a mangiare e a chiacchierare. Finsi di non aver udito. Non avevo nessuna voglia di raccontar storie.

Kirsten imboccava paziente il piccolo Tyge. L'ultimo nato, Jørgen, riposava nella sua culla in una stanza al pianterreno, accudito da una balia. Le altre figlie erano cresciute a sufficienza da mangiare per conto proprio. Anche le nuove gravidanze non avevano alterato la bellezza di Kirsten che, nell'alternarsi delle stagioni, sfocava in un garbato languore e si riversava nella giovane Magdalene, come liquido da una brocca più grande a una più piccola. Sophie, era invece seduta tra gli assistenti. Le sue piccole mani, rovinate dagli studi alchemici e dalla coltivazione delle piante medicinali, giocavano con un pezzo di tovaglia. Erik Lange discuteva con lei di processi alchemici dall'inizio della cena.

«Erik, amico mio» disse Tycho sollevando il bicchiere. «È da una settimana che sei mio ospite e non hai mai smesso di importunare mia sorella… Brinda con me alla sua salute.»

Tutti sollevarono i calici e brindarono. Tycho bevve il suo e poi si chinò a baciare in fronte il piccolo Tyge che, infastidito dai lunghi baffi del padre, scoppiò a piangere.

«Allora, buffone, ti vuoi decidere a raccontarci una storia o continui a fingere di non avermi sentito? Che cosa devo fare per convincerti?» la stessa voce che mi aveva chiamato in causa pochi istanti prima era tornata a farsi sentire. Apparteneva a Nicolaus Reimarus, un matematico giunto sull'isola al seguito di Erik Lange, al quale Tycho aveva dato ospitalità e concesso il permesso di condurre alcune ricerche. Lo si vedeva di continuo in quei giorni gironzolare tra i laboratori e la biblioteca, scartabellando fogli dove erano annotate le misure e i disegni degli strumenti. Quella sera forse aveva esagerato con il vino, perché di solito tendeva a non farsi notare.

Incrociai lo sguardo di Flemløse e vi percepii un imbarazzo e un senso di umiliazione che io non provavo. Feci alcune delle mie smorfie e mi avvicinai a Reimarus.

«Sia come voi desiderate, signore» proclamai inchinandomi sgraziatamente «ma prima che vi racconti la storia che con tanto fervore richiedete, permettetemi di prendermi cura della mia voce che s'è logorata nel corso degli anni.» Afferrai il calice che stava accanto al suo piatto e bevvi il poco vino che vi era sul fondo. Tutti risero e anche Reimarus rise, piegandosi verso il tavolo. Poi prese la brocca con il vino e riempì il calice che avevo ancora tra le mani.

«Bevi anche questo, allora» mi esortò «perché il sorso che hai mandato giù a stento ti è arrivato in gola!»

Bevvi il vino in un fiato e mi pulii con una manica gli angoli della bocca. Poi mi schiarii la voce, fissai il soffitto con fare assorto e attesi il silenzio di tutti i presenti.

«Vi parlerò allora del paese che fu dei bogumili» iniziai «un paese ricoperto da boschi ricchi di selvaggina e irrorato dalle acque di torrenti cristallini. Al centro di valli e boschi, in un luogo che era il cuore antico di quella terra, vi si incontrava una città munita di mura possenti e torri alte e snelle, che si protendevano nel cielo terso della regione. Nei suoi mercati si parlavano tutte le lingue della Terra e si commerciava ogni genere di mercanzie, provenienti dai luoghi più disparati: dal lontano Oriente, dal caldo Meridione, dall'algido Settentrione, dall'indomito Occidente. Pietre rare e stoffe ricamate, spezie, cibi prelibati, damaschi e velluti, oro e gioielli, vasellame, spade dalle lame cesellate, abiti di tutte le fogge e colori, animali bizzarri, lampade e lucerne, semi di piante sconosciute, olî profumati ed essenze paradisiache. Niente mancava che un uomo potesse desiderare. La vita vi scorreva piacevole e spensierata, distante dalle afflizioni e dalle carestie che angustiano solitamente le città degli uomini. Finché un giorno, una delle sentinelle, che annoiata stava di guardia sul culmine della torre più alta, scorse una nuvola di polvere che si sollevava minacciosamente da una strada che conduceva alla città. Il soldato presto si accorse che la causa di tanta polvere era l'esercito dei Turchi, delle cui razzie era giunta voce da qualche tempo, e lanciò l'allarme. Quando il temibile esercito della Sublime Porta si fermò davanti alle mura, trovò la città pronta a difendersi. Ma i Turchi non dimostrarono alcuna fretta e si accamparono tranquillamente tutt'attorno alle mura. Ben sistemati e provvisti di cibo a volontà, accesero fuochi che arsero giorno e notte. Solo di rado lanciavano qualche attacco, ma erano scaramucce, piccoli scontri che avevano lo scopo di mantenere viva l'angoscia nella guarnigione che difendeva la città. Passarono così molte settimane. I Turchi, esperti nell'arte della guerra, sapevano che il tempo era loro alleato, che ogni giorno indeboliva gli avversari e faceva pendere la bilancia della contesa a loro favore. Ben presto, infatti, le scorte dei viveri degli assediati si ridussero a tal punto che qualcuno iniziò a prendere in considerazione l'idea di arrendersi al nemico. Ci fu un'assemblea tempestosa alla quale partecipò la cittadinanza al completo e, dopo lunghe e animate discussioni, si prese la decisione di non arrendersi e di mangiare, invece, in una sola notte, in un unico grande banchetto collettivo, le scorte residue rimaste nei magazzini.»

Aspettai qualche istante che cessasse il brusio dei commenti che si era sollevato a causa di quella decisione apparentemente illogica, poi ripresi il racconto: «Quella notte le sentinelle turche, che vegliavano accanto ai fuochi, ascoltarono stupite rumori di canti e di balli che provenivano dalla città assediata. Preoccupate e incuriosite da quell'incomprensibile comportamento, avvisarono i loro ufficiali e la notizia, di grado in grado, giunse presto al Gran Visir. Questi abbandonò di malumore la tenda dove si era ritirato assieme a una delle sue concubine e, in groppa a un cavallo bianco, con il consueto codazzo di generali e servitori cerimoniosi, si recò su un'altura vicina, dalla quale erano visibili le mura. Accertatosi che i rapporti dei suoi soldati corrispondevano al vero, si limitò ad alzare un sopracciglio e sentenziò altezzosamente: «Celebrano il loro funerale, perché nessuno resterà in vita per farlo». L'alba del giorno seguente tutta la popolazione, donne e bambini compresi, gonfi per la gran mangiata, salì sugli spalti e attese che il vento soffiasse in direzione dell'accampamento nemico. Poi tutti abbassarono le brache, sollevarono gonne e sottane, appoggiarono i culi bianchi e smagriti sui parapetti e iniziarono a scoreggiare. Scoregge di ogni tipo: rumorosi borbottii indisponenti e silenziose espulsioni maleodoranti, esili peti infantili e biliose strombazzate di vecchi sdentati, flatulenti aliti femminili e marcescenti rigurgiti di intestini maschili, sibili quasi agonizzanti di uomini pii e putrescenti spetazzate della più becera soldataglia. Le sentinelle turche, di fronte alla parata di deretani che occupava le mura dell'intera città, rimasero quanto meno allibite. Ma il loro stupore non poté durare a lungo. Presto, infatti, si trovarono immerse in una nube di gas pestilenziale che il vento sospingeva verso gli accampamenti. Fu il caos: i soldati crollarono a terra vinti da una nausea ammorbante, i fuochi si spensero, gli animali fuggirono, gli uccelli caddero svenuti dai rami degli alberi. Sembrava che un alito diabolico avesse sparso la propria letale essenza tra le file dell'esercito. Anche il Gran Visir, colpito nell'olfatto sensibile, abituato a odori ben più eleganti e consoni al suo rango elevato, vomitò la cena della sera precedente con sommo disgusto suo e delle sue concubine. L'esercito turco tolse l'assedio e fuggì nella foresta, frastornato e confuso, mentre la gente nella città salutò la fuga con gesti di gioia e di burla».

Tutti risero, ma la risata che superò tutte le altre fu quella di Nicolaus Reimarus; alta, stordente, a bocca spalancata. Una risata smodata. Tutto in quell'uomo mi appariva eccessivo e privo di dignità.

«Basta parlare di sciocchezze» intervenne Erik, quando la tavolata si acquietò, rivolgendosi a Tycho «e spiegami invece, amico mio, com'è possibile che nel loro percorso i pianeti presentino anche dei movimenti retrogradi, che li portano a rioccupare posizioni nel cielo che hanno appena superato?».

In tavola erano stati da poco serviti alcuni grossi vassoi di pesci, accompagnati da ciotole di mostarda piccante.

«Essendomi ben nota la tua sete di conoscenze anche in ambiti che abbiano poco a che vedere con la Grande Opera, non esiterò a risponderti» rispose prontamente Tycho. Alcuni degli assistenti deposero le posate nel piatto e smisero di mangiare. Anche Nicolaus Reimarus si disinteressò completamente di me e si concentrò su Tycho. Aveva cessato di ridere ed era ritornato silenzioso in un attimo, come avesse smaltito di colpo l'eccesso di alcol. Io ne approfittai per ritornare al mio posto, accanto alla sedia del mio signore. La luce del sole illuminava direttamente una delle finestre del padiglione, che si protendeva verso l'esterno dalla facciata della casa, e ne tracciava il contorno contro la parete della sala da pranzo. Era una luce gialla, gravida del torpore autunnale che presto avrebbe ammantato l'isola.

Tycho continuò: «Tolomeo spiega il fenomeno facendo ricorso agli epicicli. Secondo il suo sistema i pianeti ruotano intorno alla Terra posti su una piccola circonferenza, l'epiciclo, il centro della quale si colloca su un'altra circonferenza, chiamata deferente. Il centro dell'epiciclo, poi, si muove lungo il deferente con velocità costante rispetto a un altro punto, l'equante, che non coincide con la Terra, ma ne è lievemente discosto».

«Sembra abbastanza complesso.»

«E lo è, anche se, acquistata una certa familiarità, le cose appaiono più semplici... In breve, nel sistema tolemaico il moto di un pianeta risulta determinato dalla combinazione del movimento di più circoli, maggiori e minori, e la traiettoria che ne risulta è una specie di spirale che si avvolge attorno al deferente e che presenta dei tratti, per un osservatore posto sulla Terra, di movimento retrogrado.»

«E come giustifica questi circoli minori con le sfere cristalline descritte da Aristotele?» lo interruppe di nuovo Erik.

«Tolomeo non se ne preoccupa. A lui interessa l'aspetto geometrico, sviluppare un sistema che predica con precisione la posizione dei pianeti. Della realtà della sua costruzione non si occupa. Si tratta di problemi di natura differente. Nei secoli i peripatetici hanno giustificato la presenza degli epicicli attribuendo alle sfere aristoteliche uno spessore pari al diametro dell'epiciclo del pianeta, in modo da giustificare questo movimento essenziale.»

«Ma tu non credi all'esistenza delle sfere...»

«No, io non credo alla loro realtà. Se esistono non sono immutabili e in più occasioni posso dimostrare che sono state perforate dalle traiettorie di corpi da sempre erroneamente collocati nella sfera sublunare, come le comete.»

«E di Copernico, che va tanto di moda tra gli astronomi in questi anni, rispetto alle teorie del quale hanno avuto commenti ironici e sarcastici gli stessi Lutero e Melantone, che dici?»

«Che i teologi di ogni confessione amano mettere il naso dappertutto» rispose Tycho sorridendo. «Capisco che il fatto che Copernico sposti il sole al centro dell'universo e la Terra diventi un pianeta come gli altri sia un'idea non facile da accettare, però la spiegazione che fornisce del moto retrogrado è sicuramente più semplice di quella di Tolomeo. Copernico illustra il fenomeno con un moto apparente che si realizza quando la Terra supera durante il suo percorso uno dei pianeti, o ne è superata, se si tratta di un pianeta dall'orbita più interna.»

«Però qualcosa non ti convince.»

«Anche Copernico nella prefazione parla di un'ipotesi matematica e non di una descrizione reale. Non ci credeva, forse, nemmeno lui a quest'assurdità di un sole nel centro dell'universo.»

«Questa è una diceria. C'è chi sostiene che la prefazione non sia sua.»

«Però è una diceria che nessuno è ancora stato capace di smentire» osservò Tycho.

«Va bene, però, nel concreto, dimmi che cosa non ti convince?»

«Quello che non mi convince nel suo sistema dell'universo è che continua a utilizzare epicicli e deferenti; i suoi sono quasi cinquanta, superiori ai circa quaranta di Tolomeo.»

«Ma non li aveva ridotti a una trentina?» obiettò Erik.

«Così aveva indicato nel *Commentariolus,* ma poi Copernico non si attiene alle sue stesse indicazioni e nel *De Revolutionibus*

119

epicicli e deferenti aumentano considerevolmente, in parte perché si rifiuta di ricorrere agli equanti.»

«Il suo sistema è perciò più complicato del sistema tolemaico» notò ancora Erik.

«Sotto alcuni aspetti, sì» rispose Tycho. «Inoltre, se la sua idea fosse corretta, sfruttando l'ampio movimento della Terra attorno al sole, si dovrebbe riuscire a misurare l'angolo di parallasse delle stelle fisse, ma ciò non si verifica. Perciò, o si ritorna a mantenere la Terra ferma oppure si azzarda un'altra ipotesi, che forse è ancora più assurda: un universo di dimensioni immense, tanto esteso che i nostri strumenti non sono in grado di misurare angoli di parallasse tanto prossimi allo zero.»

«Un universo infinito come suggerito da Nicola Cusano?»

«Qualcosa di simile anche alle idee recentemente proposte da Giordano Bruno. Per di più, se collochiamo le stelle a una tale distanza dalla Terra, poiché il loro diametro è all'incirca di uno o due minuti d'arco, le loro dimensioni reali dovrebbero essere centinaia di volte le dimensioni del sole. Sono conseguenze che non mi inducono a prestare troppa fede agli insegnamenti dei copernicani.»

Nicolaus Reimarus intervenne dal suo posto. Gli occhi gli si erano fatti piccoli e penetranti: «Quindi, mi pare di capire, lei non si considera copernicano».

Tycho si trattenne alcuni istanti, aggrottò la fronte e serrò la mascella. Non gli era piaciuto come l'altro aveva posto la questione; non attribuiva senso nel definirsi completamente a favore o contrario a un'idea. In ogni idea, anche la peggiore, sosteneva, c'era qualcosa che poteva essere salvato.

«Non concordo con l'affermazione che la Terra possieda i tre moti suggeriti da Copernico» precisò. «Se così fosse, se due cannoni identici sparassero due proiettili ugualmente identici, uno verso oriente e l'altro verso occidente, come sarebbe possibile che il moto velocissimo della Terra non influenzi il loro moto? In realtà, l'esperienza lo dimostra senza ombra di dubbio, la distanza percorsa dai due proiettili è la stessa. Da ciò si deduce che sui proiettili non agisce alcun movimento della Terra, ma solo il moto violento loro inferto dai cannoni.»

«Ma in qualche modo bisognerà pur descriverlo l'universo e tutti i moti che in esso vi sono contenuti.» Il viso affilato di Nicolaus Reimarus sembrava quasi protendersi verso Tycho.

«Occorre una descrizione che elimini i difetti copernicani e tolemaici e ne conservi gli indubbi vantaggi.»

«E chi è in grado di elaborarla?»

«Io» rispose secco Tycho, mentre un lampo d'orgoglio riempiva i suoi occhi chiari.

Notai lo stupore sul viso di Flemløse. Di sicuro era a conoscenza di ciò che Tycho si accingeva a esporre, ma non si aspettava certo che ne avrebbe parlato in una circostanza simile.

Tycho prese la saliera e ne rovesciò il contenuto sul tavolo. Poi con il dito tracciò una serie di cerchi e di punti. «Ecco» disse «si può conservare la spiegazione dei moti retrogradi di Copernico lasciando che i pianeti ruotino intorno al sole e poi ponendo il sole e la luna in rotazione attorno alla Terra. I circoli di Mercurio e Venere hanno raggio inferiore al circolo solare, mentre Marte, Giove e Saturno hanno un raggio superiore e nel loro percorso circondano la Terra. In questa maniera si possono giustificare i loro movimenti retrogradi in modo simile a Copernico. Inoltre i percorsi di Marte e del sole si intersecano in due punti, perché i circoli sono rappresentazioni geometriche delle loro traiettorie e non sfere cristalline.»

Eravamo appoggiati alla balaustra di legno del ballatoio che correva davanti alle camere degli assistenti, osservando nel basso le stanze silenziose del primo piano. Discutevamo sottovoce. Sopra di noi, sulla cima della cupola, il Pegaso dorato rincorreva il vento cigolando.

«Tycho non si fida di lui» disse Flemløse riferendosi a

Nicolaus Reimarus. «Ha chiesto notizie ad Erik Lange, ma anche lui non ha saputo dirgli molto. Solo che si tratta di un ragazzo sveglio, che ha già pubblicato una grammatica latina e che si è aggregato al suo seguito in Danimarca, dopo aver saputo che si stava recando qui.»

«Anche a me non piace. Non mi piace il suo modo di ridere e di parlare, nemmeno il modo in cui ti guarda. È come se volesse passarti da parte a parte» commentai.

«Tycho mi ha suggerito di mettergli vicino, da domani, uno degli assistenti giovani con la scusa di aiutarlo a muoversi per l'isola. Questa notte lo ha messo a dormire con Anders Viborg.»

«Penso sia una buona idea.»

Flemløse annuì nel buio. Non lo vidi ma ne percepii il movimento.

«Mi ha anche stupito che Tycho abbia rivelato ciò a cui sta lavorando. Le osservazioni che stiamo raccogliendo in questo momento dovrebbero dimostrare la correttezza della sua intuizione, ma non sono ancora complete.»

«In che modo? In questi anni so che avete misurato con molta accuratezza la posizione di Marte.»

«Proprio così; soprattutto quando si trovava in opposizione rispetto al sole. E se tu avrai occasione di guardare con attenzione uno schizzo del sistema pensato da Tycho, noterai che in queste condizioni Marte risulta più vicino alla Terra del sole, una circostanza che nel sistema copernicano non si verifica mai. Determinare la parallasse con osservazioni serali e mattutine ci permetterà di calcolare con precisione la distanza del pianeta dalla Terra e quindi stabilire inequivocabilmente se abbia ragione Tycho o Copernico.»

La luce lunare entrava attraverso le vetrate della cupola. Bianca, argento e polverizzata. Restammo a osservarla ancora per un po', poi io mi avviai verso la mia stanza, ma mi ero appena mosso quando Flemløse mi chiamò di nuovo.

«Che cosa c'è?» chiesi.

«Come finisce la storia della città nel paese dei bogumili?»

«Sicuro di volerlo sapere?»

«Certo.»

«Dopo qualche giorno i Turchi ritornarono e colsero la città di sorpresa. Se ne impadronirono senza troppo sforzo e si dimostrarono senza pietà: impalarono gli uomini di tutte le età sulle mura, lasciando che i corvi divorassero i cadaveri, e vendettero le donne ai mercanti di schiavi.»

A notte fonda mi svegliai all'improvviso, come se qualcuno mi avesse scosso per una spalla, ma nella mia stanza non c'era nessuno. Rimasi qualche momento immobile nel buio. La luna era tramontata e le stelle brillavano quiete. Mi alzai. Avevo sete. Decisi di scendere nella sala da pranzo per vedere se era rimasta qualche brocca con un po' d'acqua. Di solito le serve toglievano dalla tavola le ultime cose della cena al mattino.

Mi mossi senza far rumore. Anche al buio conoscevo ogni angolo della casa. In una stanza qualcuno russava. Al piano terra un bambino, forse Jørgen, frignava. Immaginai Kirsten che lo ninnava camminando da parete a parete, alla luce di una candela, con il bimbo stretto al seno e una nenia conciliante tra i denti.

Perso nelle mie fantasticherie, non notai la luce di una candela che proveniva dalla sala verde, così entrai e mi trovai davanti una sorpresa: la tavola era rimasta come l'avevamo lasciata al termine della cena e Nicolaus Reimarus era chino accanto al punto nel quale Tycho aveva versato il sale, con una candela per fare luce e un foglio per copiare la figura che Tycho aveva tracciato con le dita. Anche lui percepì subito la mia presenza e mi guardò con un'espressione terrorizzata. Superata la sorpresa, sentii la rabbia e l'indignazione montare dentro di me, ma un istante prima di urlare, svegliare l'intera casa e smascherare il farabutto che così ignobilmente stava approfittando dell'ospitalità del mio signore, incrociai il suo sguardo. E dentro ai suoi occhi vidi i giorni trascorsi ad accudire i porci, la fame e la povertà della sua infanzia, la stessa fame e la stessa povertà che anch'io avevo conosciuto, che avevo provato sulla mia pelle, dalla quale per buona sorte ero scampato. E quell'immagine della mia e della sua vita che si sovrapponevano mi trattenne. Dubitai. L'anima combattuta tra la fedeltà al mio benefattore e la pietà per chi riconoscevo simile a me nella sofferenza di anni che non ricordavo volentieri ma che non avevo mai dimenticato. Alla fine, dopo lunghi istanti di immobilità assoluta, chinai il capo e ritornai nella mia stanza senza pronunciar parola. Mi lasciai cadere sul mio letto a corpo morto. Sprofondai tra le coltri con un rumore vuoto. A lungo, prima di riprendere sonno, mi arrovellai cercando di capire se avevo fatto la cosa giusta.

Mi svegliò Flemløse poco prima dell'alba. Il cielo era azzurro acquamarina. La casa era in subbuglio. Mi accodai allo scompiglio generale. Venni presto informato che, nel corso della notte, Nicolaus Reimarus, accordandosi con il marinaio di una barca, era fuggito dall'isola portando con sé una serie di fogli sui quali aveva copiato parte delle ricerche di Tycho.

# XII

*Io realizzai anche ricerche alchemiche
ed esperimenti pironomici. Non mi rifiuterò
di dibattere francamente queste questioni
con prìncipi e nobili, ed altre persone distinte
ed istruite, e potrò occasionalmente fornir
loro delle informazioni quando fossi sicuro
del fatto che essi poi conservassero il segreto.*

TYCHO BRAHE
Astronomiae Instauratae Mechanica

«L'alchimia è una forma di conoscenza che non si limita a utilizzare i libri» spiegava Sophie «ma contempla un'incessante attività di laboratorio, spesso complessa e tortuosa, i cui princìpi si rifanno a un'idea del cosmo molto antica. Non si può giungere a nessun risultato senza sporcarsi il viso e le mani con le esalazioni della materia in trasformazione.»

Magdalene ascoltava incantata, tirandosi dietro, a volte, la piccola Elizabeth o uno dei fratelli maschi che ancora non camminavano, ai quali doveva badare. Il suo corpo, alto e snello, si muoveva con eleganza sulle orme della zia, che si spostava in giro per la casa, dividendosi tra l'interesse per gli alambicchi e la cura degli orti, nei quali aveva seminato le sue erbe. Magdalene, che indossava gli abiti grigi ereditati dalla madre e portava i capelli acconciati come si addiceva alla sua età, si distraeva di rado. I suoi occhi, segnati dall'arco sottile delle sopracciglia, si muovevano a scatti a inseguire parole e gesti. Anch'io mi accodavo spesso a loro, affascinato dalla bellezza germogliante di Magdalene e dalle parole di Sophie, cariche di mistero e attrattiva, al punto che non avrei saputo dire che cosa mi seduceva di più. C'era nelle dissertazioni che ascoltavo un approccio al mondo diverso da quello che avevo appreso con lo studio della matematica. Un differenza che non riuscivo a esprimere, ma che testimoniava che non un solo cammino era stato concesso all'uomo affinché, nella sua limitata saggezza, potesse addentrarsi nei segreti della natura.

«Non tutti possono essere alchimisti. L'alchimista deve avere il cuore puro e l'anima innocente, perché egli stesso è parte della sua scienza, ne è un ingrediente. E se uno dei componenti è sbagliato, il fallimento è certo. L'alchimista non è un semplice osservatore o annotatore, ma uno dei mezzi attraverso i quali la conoscenza giunge a compimento.»

Camminavamo per gli orti e Sophie indicava le erbe, ciascuna con una targhetta che ne riportava il nome, seminate dentro aiuole dai perimetri in forma di stelle, cerchi e quadrati, che si sviluppavano attorno alla casa. Angelica, cardi, enula, genziane, ginepri, rabarbaro, prunella, crochi color zafferano, erba nocca, assenzio, maggiorana, ruta, melissa, erbe dagli steli lunghi e odorosi, valeriana, si alternavano seguendo un ordine preciso, e di ciascuna Sophie sapeva elencare le proprietà e gli usi medicinali.

«Tutte le cose hanno la medesima origine, discendono dalla stessa madre. I semi delle piante, sepolti nel suolo, producono il loro frutto. Allo stesso modo i minerali nascosti nel ventre della Terra si moltiplicano a seconda delle influenze degli astri celesti e generano il frutto della loro crescita.»

Il laboratorio alchemico era collocato sotto la biblioteca e sotto l'osservatorio meridionale, affinché il luogo nel quale era conservata la conoscenza dei libri si situasse a metà tra l'altezza dei cieli e la profondità della terra. Niente a Uraniborg era stato affidato al caso.

Le fiamme brillanti degli athanor dentro nicchie scavate lungo la parete circolare illuminavano l'ambiente di riflessi sanguigni e cupi. L'aria era impregnata di fumi, di sostanze volatili ammorbanti che aderivano alla pelle e ai capelli.

«Esistono quattro condizioni della materia, stabilite a suo tempo da Aristotele – fuoco, aria, acqua e terra – che si ottengono mescolando sostanze naturali e qualità, ma è la quinta che costituisce il nucleo fisico e spirituale di tutte le cose. È da lì che tutto discende. Ma non crediate che la via che porta alla Quinta Essentia sia semplice da percorrere. È impervio e non privo di trappole e di inganni il cammino che conduce alla meta, non tutti si dimostrano degni del dono della conoscenza.»

Al centro del laboratorio si trovava una colonna di mattoni circondata da un tavolo circolare, sopra al quale erano disposti alla rinfusa alambicchi, storte e matracci di varia misura, crogioli, mortai, imbuti, filtri, cilindri, tubi di vetro a serpentina, pinze di tutte le forme e dimensioni. Materiale simile si trovava anche sopra alcune mensole sistemate accanto alle bocche delle fornaci. Ogni strumento aveva una sua funzione definita da secoli di pratica assidua e arcana, che li aveva lentamente modificati e adattati alle esigenze dell'arte. La materia era manipolata in mille modi, rovistata fino all'essenza della sua anima minerale, coagulata dall'invisibile trasparenza della fiamma, decantata dagli sbalzi di calore, essiccata in lente distillazioni, vetrificata in forme rilucenti.

Sovente più athanor erano accesi allo stesso tempo e la servitù trasportava legna per mantenere il vigore della fiamma.

«La materia lavorata dall'alchimista si trasforma, abbandona la sua rigida immutabilità minerale e prende colori cangianti, disfacendosi in una duttilità cremosa e rivelando proprietà e qualità inaspettate. È il fuoco, la forza sprigionata dalla sua natura rovente, che la plasma, la induce al cambiamento. Ma esistono fuochi differenti, fuochi che carbonizzano e fuochi che non provocano combustione: il fuoco bagnato, il fuoco freddo, il fuoco che non brucia. Fuochi che brillano e rischiarano senza consumare e altri che bruciano senza generare luce. È immergendosi nel fuoco che la materia matura e trasmuta, che l'alchimista si purifica e porta a compimento la Grande Opera.»

Sedevo su un sgabello e guardavo Sophie che armeggiava con mortai, storte, alambicchi e ampolle. Fumi consistenti e putridi si liberavano da liquidi dall'aspetto metallico e da pietre carbonizzate da lente calcinazioni. Magdalene l'assisteva soffiando dentro lunghe canne o aggiungendo legna per mantenere costante la calura attorno ad ampolle ribollenti, appena collocate dentro all'athanor. C'erano cotture ed essiccazioni che duravano settimane, giorno e notte, richiedevano sorveglianza continua. L'uovo filosofico doveva fermentare, sublimare, essere digerito da vapori rossi come il sangue nocivo dei serpenti o verdi come la pelle scabra dei draghi, dissolversi e fissarsi, riprodursi in sostanza solida dal contorno irregolare, malleabile e spumosa oppure compatta e tagliente, e infine di nuovo incenerirsi dentro a un fuoco azzurro e indolente, a calore variante. L'intero processo durava mesi. E bastava un nulla perché tutto andasse in rovina, perché un liquido gorgogliante evaporasse in pochi istanti in una nube di miasmi violacei o perché la più dura pietra si trasformasse in una polvere opaca e inservibile.

«L'uovo filosofico è un contenitore di vetro sigillato con il calore, dentro al quale si collocano le sostanze che debbono essere riportate alla loro essenza originale, secondo una sequenza prestabilita. Come le stagioni scandiscono i ritmi della natura e si succedono secondo un ordine inalterabile, così la Grande Opera si realizza in fasi rigorose, riconoscibili attraverso le condizioni e le sfumature di colore che la materia assume dentro all'uovo filosofico.»

*

Quando Sophie si trovava nel suo castello di Eriksholm, cercavo nella biblioteca libri che potessero ampliare le mie conoscenze alchemiche. Consultai i testi del *Corpus Hermeticum* di Ermete Trismegisto, zeppi di formule rituali e ricette mediche, di dissertazioni su pietre magiche e influssi astrali. Lessi anche alcuni trattati dell'alchimista arabo Gerber, l'*Harmonia mundi* di Francesco Giorgi e *Il libro delle dodici porte* di Gorge Ripley, ma benché promettessero di svelarmi i misteri dell'arte, non compresi nulla, perché le loro rivelazioni erano protette da enigmi e immagini fantasiose che avevano lo scopo di occultare il sapere. La lingua dell'alchimia parlava per allusioni, era portatrice di una sapienza per iniziati, una sapienza che aveva scavato nei secoli un sentiero sotterraneo. Le sue idee si trasmettevano solo a chi se ne dimostrava degno; l'adepto faceva sua la prassi attraverso l'intuizione. La fatica di ogni passo era la fatica di chi procedeva al buio, tastando davanti a sé nella speranza di incontrare qualcosa di riconoscibile. La scienza che avevo appreso da Tycho, nella sua imperfezione, aveva necessità di consenso e riproducibilità. Era un credo che cercava proseliti. Non un sapere per iniziati, ma un sapere messo a disposizione di coloro che desideravano possederlo, che emergeva alla luce del sole dopo aver spezzato le catene che lo trattenevano.

«Non potevi capire i libri che hai letto» mi avrebbe spiegato Sophie «perché non dicono nulla a chi non sia pronto a capire. Alla conoscenza si arriva per gradi, è una rivelazione. Mercurio, Zolfo e Sale non li riconoscerai nei libri ma indagando tra mortai e ampolle di vetro. Non capirai finché non avrai sperimentato la disperazione di chi non ha più strade e ti parrà che tutta la tua vita sia andata sprecata, finché affumicato, unto, accaldato, impolverato, col naso colante, il tremore nelle mani e la testa dolente, non sentirai confitto nel cuore lo strazio della sconfitta. Non capirai finché il tuo corpo non sarà stato fiaccato dalla disillusione come l'uovo filosofico è plasmato dal fuoco purificatore.»


Erik Lange durante i suoi soggiorni a Uraniborg lavorava con Sophie. La sua ossessione era riuscire a trasformare il piombo in oro. Ma Sophie tentava in ogni modo di dissuaderlo. «Se lo desideri con tanta intensità non ci riuscirai. L'alchimista non cambia il piombo in oro, ma cerca nella materia il riflesso di una realtà solo spirituale, il trascendente che si è occultato nel mondo sublunare, l'eco presente nell'imperfezione di una realtà assoluta e immutabile.»


Anche Tycho collaborava con Sophie. Assieme conducevano complicati esperimenti per produrre medicamenti o altre essenze e commentavano i loro insuccessi per lungo tempo, correggendo i procedimenti a volte anche solo in particolari minimi, agli occhi dei più trascurabili. Quel loro continuo confabulare per vagliare ogni passaggio ricordava il lento lavorio dell'acqua che, goccia a goccia, buca le pietre.

Chiesi a Tycho che cosa lo spingesse a occuparsi di alchimia, ad avvicinarsi a un sapere tanto antico e tanto diverso da quello che lui stava tracciando in astronomia. «Non esiste una sola via. Tutto in natura è legato» rispose «i cieli, la terra, i destini degli uomini. E non esiste un'unica maniera per svelare la trama dei fili che legano tra loro gli oggetti della creazione. L'uomo nella sua piccolezza è un riflesso del cosmo. Studiando i cieli e tutto quello che esiste sulla Terra arriva a comprendere meglio se stesso. Anche tu hai accesso a modalità che ti permettono di conoscere il passato e il futuro degli uomini, di leggere nei loro pensieri. Sono doti singolari, ma non per questo le ho mai messe in dubbio.»

Come durante le misure astronomiche con i suoi assistenti, accadeva che si limitasse a osservare Magdalene e Sophie impegnate a rimestare, mescolare e diluire, ma al suo sguardo non sfuggiva quasi nulla. In piedi e un poco in disparte, per non distrarre le due donne, seguiva ogni operazione, all'apparenza indifferente ai fumi e al sudore. Era prigioniero di una concentrazione in quei momenti che lo trasformava in una statua, in uno di quegli automi che Labenwolf posizionava in cima alle sue fontane. Con il semplice movimento degli occhi sembrava annotare e catalogare nella sua mente ogni fase degli esperimenti. Sapeva poi discutere e commentare quanto aveva visto accadere. Più lo conoscevo, più la mia devozione nei suoi confronti cresceva. Forse si amava così un padre.

# XIII

*Queste ipotesi non hanno bisogno di esser vere
e nemmeno probabili: se procurano un calcolo
conforme alle osservazioni,
ciò soltanto è sufficiente.*

OSIANDER prefazione al De revolutionibus

Uraniborg in quegli anni continuò ad ampliarsi, come una forma di pane che lieviti. Un nuovo osservatorio, Stjerneborg, sorse esterno ai bastioni del palazzo. Era in parte interrato e dotato di una stanza circolare, attorniata da gradoni come in un anfiteatro, nella quale era stata posta un'enorme armilla equatoriale; tutt'attorno si sviluppavano altre stanze minori, ciascuna con un proprio strumento, tra cui un grande quadrante per le misure azimuthali e un'armilla zodiacale. C'erano anche dei letti e una stufa per riposare durante le osservazioni notturne e riscaldarsi in inverno.

Alla fucina già esistente dove lavoravano gli artigiani che realizzavano gli strumenti ideati da Tycho, si aggiunse una tipografia, così che Tycho potesse seguire e correggere passo dopo passo la stampa dei suoi libri. L'edificio, collocato all'angolo meridionale dei bastioni, riproduceva il palazzo su scala minore. Lo stampatore che vi lavorava, Joachim, era un ometto tarchiato con una cicatrice sulla guancia destra e dita velocissime, che pescavano i caratteri dalla cassa tipografica con rapidità sorprendente. Mi raccontò che, quando erano nate le prime stamperie, ogni tipografo si fondeva i caratteri per conto proprio, e che in seguito, per una questione di costi, il compito era stato affidato a botteghe specializzate. Lui si era procurato i suoi caratteri a Rostock, mentre il torchio proveniva da Wittenberg. Questo era costituito da due travi che reggevano un pianale sopra al quale erano inseriti i fogli e i caratteri per la stampa e da una trave orizzontale, in alto, alla quale era fissata una vite senza fine in rame, secondo un'innovazione introdotta da un tipografo di Norimberga, per aumentare la forza e l'uniformità della pressione sul foglio. Quando Joachim aveva composto i caratteri di una pagina, sistemava la forma di piombo sul pianale e la inchiostrava con un tampone. Poi inseriva il foglio in un telaio e due assistenti, in genere reclutati tra i contadini che prestavano il loro servizio giornaliero, azionavano la vite del torchio che agiva in modo da premere il telaio con il foglio di carta contro i caratteri fino a fargli prendere l'inchiostro. I fogli con l'inchiostro fresco erano estratti dal torchio e appesi ad asciugare a dei fili in attesa dell'approvazione di Tycho; poi Joachim provvedeva a comporre la pagina che andava stampata sul retro. I fogli erano piegati in due e presentavano quattro pagine per ogni foglio. Coppie di fogli legati insieme costituivano una segnatura, e le segnature, a loro volta rilegate, formavano il libro. La cosa più complicata da eseguire erano le illustrazioni, per le quali Tycho era particolarmente esigente; Joachim le realizzava incidendo con punte d'acciaio matrici in rame da inserire nel pianale al posto della forma di piombo, dove avveniva l'inchiostratura.

La sistematica difficoltà di reperire carta evidenziò però presto il bisogno di produrla sull'isola. Seguirono lunghe settimane di studi e di discussioni sui testi di idraulica di Archimede e di Vitruvio. Alla fine Tycho scelse di collocarla in una conca nei pressi del mare, lungo la costa occidentale. L'edificio in legno, con il tetto in tegole, poteva essere utilizzato sia come cartiera che come mulino. Entrambe le attività erano consentite da una ruota a pale posta in movimento da un getto d'acqua. Per soddisfare il fabbisogno di acqua per il funzionamento della cartiera, si provvide ad ampliare le antiche vasche per i pesci e a costruirne di nuove. Si formarono così una serie di piccoli bacini, collegati da chiuse, uno di seguito all'altro, che terminavano in un piccolo lago artificiale, le cui acque erano trattenute da una diga alta parecchi piedi danesi. Al termine del percorso, una grossa tubatura in legno di quercia, rinforzata con lamine di ferro, prelevava l'acqua in pressione dal lago e la scaricava contro le pale della ruota facendola girare.

Il materiale principale per la fabbricazione della carta erano gli stracci di lino che giungevano sull'isola dopo essere stati puliti, lisciviati e sbiancati al sole. Una volta trasportati alla cartiera, gli stracci venivano tagliati, bagnati e messi a fermentare per alcune settimane in una vasca. Ciò che si otteneva era poi gettato in alcune pile dove un maglio, azionato dalla ruota a pale, lo sfibrava fino a ridurlo a una poltiglia biancastra. L'impasto era riversato in un tino e mantenuto a temperatura tiepida mediante una piccola stufa. Infine il mastro cartaio immergeva nel tino un setaccio di sottili fili in ottone sul quale era applicato un telaio della dimensione del foglio che si voleva ottenere. L'acqua colava e restava sul setaccio una forma rettangolare che poi, pressata e asciugata con cura, diventava un foglio pronto per essere inviato alla tipografia.

L'attività di Tycho aveva lentamente trasformato l'isola. Erano sorti nuovi edifici e, anche se parte dei terreni coltivabili era stata sacrificata, la penuria d'acqua non rappresentava più un problema. L'uomo, che indagava le profondità dei cieli e l'anima della materia, poteva governare e assoggettare anche la natura. Nell'universo pensato da

Tycho, pur diverso da quello descritto dagli antichi, ogni cosa, dal moto dei pianeti ai destini umani, aveva una spiegazione semplice che l'uomo doveva ricercare. Era un universo creato attorno all'uomo, adatto alle sue capacità di comprensione, che lo poneva nel proprio centro come unità di misura del tutto. L'uomo era l'elemento che univa il finito all'infinito; il suo stesso corpo, dalle armonie fissate, studiato nei particolari da Vesalio, era il microcosmo nel quale specularmente si rifletteva il macrocosmo celeste. Un universo nel quale il divino e l'umano avevano ambiti distinti che solo di rado si influenzavano e i filosofi della natura erano i sacerdoti di una nuova dottrina che aveva il dovere di spiegare i meccanismi del cosmo intero.

I rapporti tra Tycho e gli abitanti andavano sempre più deteriorandosi, perché l'esigenza di manodopera da parte sua era continua e il suo carattere, a tratti burbero e poco accomodante, non lo faceva amare. Più volte fui testimone dei suoi scoppi d'ira, quando i lavori venivano eseguiti male o non erano stati realizzati seguendo le sue puntigliose indicazioni. Niente lo infastidiva di più. I suoi sfoghi erano violenti e, per quanto mi addolori riconoscerlo, talvolta anche ingiusti. I malcapitati che, per negligenza o inettitudine, incorrevano nella sua collera, finivano con il trascorrere qualche giornata in una stanza adibita a prigione dopo una buona dose di nerbate. Non era certo così che poteva sperare di guadagnare sudditi devoti e fedeli. Spesso sentivo i lavoranti chiamati alla corvè lamentarsi sottovoce e imprecare all'indirizzo di un padrone ai loro occhi dispotico e assillante, pignolo fino all'estremo nel reclamare ciò che gli era dovuto. Gli stessi stornavano il loro malumore anche su di me; i più disprezzavano la mia fedeltà a Tycho, scambiando la mia gratitudine per meschino opportunismo. Ma era solo invidia. Se fossero stati nelle mie condizioni avrebbero agito allo stesso modo. Non tolleravano che uno storpio ricevesse un trattamento migliore del loro. Da parte mia cercavo di farmi benvolere. Quando mi giungeva voce del malanno di qualcuno, andavo a cercarlo nella sua casa e gli portavo, a nome di Tycho, decotti o infusi d'erbe, preparati secondo istruzioni che avevo ricevuto da Sophie o dalla vecchia Live. Continuai anche quando Flemløse mi fece notare che, se avessi commesso qualche errore, avrei peggiorato i miei rapporti con la gente del villaggio nonché rischiato l'accusa di avvelenamento.

La fama di Uraniborg portava sull'isola nuovi studenti, che si aggregavano ai gruppi di ricerca e si trattenevano per settimane, mesi o anni. Visitatori eccellenti giungevano da ogni paese d'Europa, gli studiosi delle università più rinomate mantenevano contatti epistolari con Tycho. Si scambiavano informazioni, suggerimenti, libri; le nuove conoscenze viaggiavano per il mondo più veloci dei loro scopritori.

Tra le molte visite ci fu quella della regina Sophie, una donna dal viso paffuto e dagli occhi scuri, che era andata sposa a re Federico ancora bambina e che aveva procurato al regno di Danimarca la discendenza che gli mancava. La accolse il villaggio di Tuna addobbato a festa, con stendardi rossi e oro appesi a ogni abitazione e la gente curiosa per strada. Tycho la condusse a visitare le meraviglie di Uraniborg, dai giardini alla cupola che reggeva il Pegaso lucente, e nel pomeriggio ottenne anche un'udienza privata, nella stanza gialla dalla forma ottagonale che, fin dalla costruzione del palazzo, era stata destinata ad accogliere i regnanti di Danimarca. A sera ci fu un grande banchetto e io suonai melodie improvvisate con un piffero, assieme ad altri musicisti, mentre la regina ascoltava le leggende sulla nascita dell'isola di Hven. Durante la notte ci fu temporale e l'indomani il mare era troppo agitato per consentire la navigazione. La regina e il suo seguito si trattennero così un giorno più del previsto.

*Ci sono alcuni oggetti gettati sul letto a baldacchino. Tycho li guarda distratto. Due damigelle escono con un inchino e Tycho rivolge loro un cenno. È vestito con un panciotto chiaro dal quale spuntano polsini e maniche a gorgiera e, sopra, una giacca con spalle imbottite e il collo alto. Ricorda il ritratto che gli ha fatto Gemperle, circondato dagli stemmi delle casate dei propri antenati. Sopra al panciotto indossa la doppia catena dorata dell'Ordine dell'Elefante. La regina è accanto a una delle tre finestre affacciate sul giardino. Osserva le forme geometriche delle aiuole, le macchie colorate dei fiori e ascolta il cinguettio degli uccelli nelle voliere. A Oriente, al di sopra delle cime degli alberi da frutto, si scorge la costa della Skåne.*

*«Mi avevano descritto le meraviglie di questo luogo» dice la regina «ma vederle di persona è tutt'altra cosa.»*

*Tycho accetta i complimenti in silenzio. Sa quando è meglio parlare e quando è più opportuno tacere. La regina è una donna piccola, Tycho rimane a qualche passo di distanza per non sovrastarla. «Questo luogo è il paradiso in terra» aggiunge lei, e aspira la brezza profumata che entra dalla finestra. I mastini nella stanza sopra il portale orientale abbaiano a un contadino con una mucca, che si dirige verso la cucina.*

*«So che non siete benvoluto.»*

*«Pretendo il giusto. E questo è fonte di invidie e di rancori.»*

*«C'è chi vi accusa di crudeltà.»*

*Tycho, di nuovo, non risponde. Ci sono questioni che durano da anni e sarebbe complicato riassumerle in poche parole.*

*La regina cambia argomento. Chiede altre spiegazioni sugli strumenti astronomici che le sono stati mostrati, chiede se potrà provare a usarne uno, le piacerebbe puntarlo su una stella. Tycho le risponde che in quella stagione le ore di buio sono*

*molto poche, e d'inverno il freddo inclemente è un tormento
per chi osserva le bellezze del cielo.*

*«Però posso offrirvi questo umile dono» conclude Tycho e
le porge un libro, fresco di stampa, con le previsioni meteoro-
logiche dell'anno, redatto da Flemløse tenendo conto delle
influenze dei corpi celesti.*

*La regina si muove verso di lui, prende il libro e indugia con
i polpastrelli sui rilievi della copertina di cuoio. Mostra sincero
apprezzamento per il dono, che non posa e continua a tenere tra
le mani. È in quel momento che Tycho decide di aprire il suo
cuore e confessare le sue angosce. Racconta che ha raggiunto i
quarant'anni, un'età nella quale il pensiero della morte inco-
mincia a divenire quotidiano. Spiega che i suoi figli non potranno ereditare il feudo di Hven, che spetterebbe loro di diritto,
perché Kirsten non ha origini nobili, e dice delle notti insonni
che trascorre preoccupato per il futuro dei suoi cari e del suo
lavoro. Poi lascia accortamente intendere una soluzione che
accomoderebbe le cose: qualora uno dei figli dimostrasse amore
e talento per l'astronomia, mantenerlo a Uraniborg con l'incarico di astronomo reale o qualcosa di simile.*

*La regina ascolta le sue parole accorate e promette di inter-
cedere per lui presso il re Federico.*

*Tycho è soddisfatto e prende commiato. Uscito, si reca nella
stanza da pranzo estiva, per verificare che i preparativi per il
banchetto procedano secondo le sue disposizioni. Trova la tavola già preparata e alcune serve che stanno sistemando le sedie.
Attraverso una delle finestre scorge un cumulo di nubi nere che
si stanno addensando a occidente; trattenendo uno sbadiglio
pensa che quella notte ci sarà temporale.*

Flemløse lasciò Uraniborg per entrare in qualità di fisico al
servizio del viceré di Norvegia, amico e parente di Tycho.
Sarebbe accaduto, prima o poi, e quell'incarico era un'op-

portunità da non rifiutare. Non poteva certo restare assistente a vita.

Ci salutammo un mattino d'estate dal cielo pulito. Non ci dicemmo molto e le poche parole non così importanti da essere ricordate. Un senso di solitudine mi feriva il cuore. La sua imbarcazione prese il largo, mischiando le proprie vele alle molte disperse per lo stretto. Con la partenza di Flemløse ero diventato l'assistente più anziano, ma la mia posizione era segnata dall'ambiguità di sempre: continuavo a fare il giullare e non avevo un riconoscimento ufficiale per il mio lavoro. Non avevo gruppi di ricerca dei quali fossi responsabile e i miei studi erano completamente liberi. Seguivo le mie inclinazioni e la mia curiosità, spaziando dall'alchimia all'astronomia, però con ogni nuovo arrivato dovevo riguadagnarmi una credibilità che nessuno era mai disposto a concedermi a priori. In quell'apparente immobilità, il destino di tutti noi si stava compiendo. Mancavano punti di riferimento per cui noi potessimo accorgercene, come un nuotatore notturno che avanzi nel buio mentre la corrente trascina in un'altra direzione. Forze invisibili erano all'opera, forze delle quali non eravamo in grado di valutare la portata.

# XIV

*Perché dunque esitare ancora ad attribuire
una mobilità naturale alla [Terra], piuttosto
che supporre che si muova l'universo intero,
i cui confini sono ignoti e inconoscibili?*

Niccolò Copernico
De revolutionibus, Libro I, cap. VIII

L'imbarcazione portò un giovane alto e ben piantato, con mani grandi e spalle robuste. Gettò prima un fagotto e poi saltò a terra. Dopo, si risollevò e attese. Un'onda arrivò a lambirgli i talloni. Alcuni pescatori stavano accomodando delle lenze, mentre un gruppo di bambini lanciava in acqua i sassi tondi della riva. Nessuno sembrò prestargli attenzione. Lui si guardò attorno, forse in cerca di qualcuno, ma incontrò solo il rumore del mare e le voci dei ragazzi che rompevano le onde a sassate; il vento si fondeva con la costa dentro una luce mutevole e disadorna.

Mi avvicinai e dissi: «Mi ha mandato Tycho, seguitemi».

Non mi rispose. Mi squadrò e si gettò il fagotto sulla schiena. Per un attimo, mi parve, aveva esitato; non ero certo io quello che si aspettava di incontrare. Imboccai il sentiero che saliva al villaggio. Mi seguì. Il sentiero era ripido e stretto. Si mantenne alle mie spalle. Io procedevo con una certa fatica, avevo le gambe pesanti e la schiena mi doleva. Dall'imbarcazione stavano scaricando della legna; alcuni uomini la raccoglievano dentro delle ceste e la trasportavano a un carretto in attesa in cima al sentiero. Mentre salivamo, piegati sotto il loro carico ci superavano con agilità.

147

Una volta in cima attraversammo il villaggio e muovemmo in direzione di Uraniborg. Il vento aveva l'odore del mare, scuoteva le cime di una macchia d'alberi con folate ruvide. Giungemmo a destinazione accolti dall'abbaiare dei mastini del portale orientale. L'isola, nel trasparente torpore del mattino, sembrava disabitata.

Lo guidai attraverso i giardini e poi lo feci entrare nel palazzo. Lo condussi al secondo piano e gli mostrai la stanza che era stata di Flcmløse.

«Posate pure il vostro bagaglio» dissi «alloggerete qui. La mia stanza invece è quella.» E additai una porta chiusa.

Lui entrò nella sua camera, guardò il letto, la sedia, le mensole vuote e si affacciò alla finestra. I campi di segale, mossi dal vento come uno specchio d'acqua, arrivavano fino al villaggio. Aguzzando la vista, se la giornata era limpida, da quella finestra si poteva scorgere il castello di Kronborg. Lui posò il suo fagotto sulla sedia e mi guardò.

«Vi sta attendendo in biblioteca» gli dissi.

Rispose con un cenno. Scendendo, incrociammo Magdalene vicino alla fontana. Aveva una mano dentro l'acqua. La luce che scendeva dalla cupola la illuminava. Era assorta e non ci notò.

Trovammo Tycho che stava correggendo alcuni fogli da passare a Joachim. Quando ci fermammo di fronte a lui, Tycho depose la penna e, sollevando la testa, con un gesto forse inconsapevole, si toccò il naso. Studiò il giovane, poi disse: «Ho ricevuto una lettera da un vostro professore dell'università di Copenaghen che vi raccomanda con un fervore che non incontro da anni. Mi scrive che il vostro talento è inusitato».

*Vagando per la campagna dello Jutland incontra un cane. Si è smarrito, è affamato e una piaga gli tormenta una zampa. Lo porta con sé, lo nasconde in un luogo vicino a casa e lo cura.*

*Non dice niente ai suoi genitori, sa che il padre non approve-*
*rebbe. Conserva parte dei suoi magri pasti e li porta all'ani-*
*male, che prende quel poco cibo dalle sue mani con un movi-*
*mento titubante del muso e poi gli lecca i palmi a lungo, pieno*
*di gratitudine.*

*Il lavoro nei campi non gli pesa, le ore passano veloci,*
*segnate da una fatica che le rende tutte uguali. Gli piacciono i*
*libri. Il pastore ha una copia della Bibbia e gliela legge indi-*
*cando con il dito le parole. In poco tempo impara a riconosce-*
*re i simboli corrispondenti ai suoni.*

*Il pastore si presenta una sera e parla con i genitori. Lui è*
*fuori, ascolta ogni cosa attraverso una fessura tra le assi mal*
*accostate. Il pastore dice: «Il ragazzo ha molte qualità, in poco*
*tempo ha imparato a leggere. È uno spreco non farlo studiare».*
*Sua madre piange. Suo padre risponde che sono gente povera,*
*contadini, che danaro per l'istruzione di un figlio non ce n'è.*
*Il pastore dice che il danaro non costituisce un ostacolo.*

*Quando si reca alla casa del pastore, dopo il lavoro nei*
*campi, il cane lo segue e siede fuori dal cancelletto di legno.*
*Mentre lui ripete ad alta voce le declinazioni latine, lo sente*
*uggiolare. Sa che, uscendo, lo troverà ad aspettare. Nella casa*
*del pastore ci sono molti libri che ha il permesso di prendere in*
*mano e di sfogliare. I libri sanno di carta, di cuoio, del legno*
*delle mensole. Ogni tanto, quando rimane solo, affonda il viso*
*nelle pagine aperte. L'odore dei libri lo rende felice.*

*Una sera, al termine della lezione, il pastore gli dice che è*
*pronto per andare a scuola, che ha già parlato di lui ad alcuni*
*conoscenti. Ha imparato a leggere e a parlare latino, non c'è*
*nient'altro che il pastore possa insegnargli. A lui dispiace. Si è*
*affezionato al pastore e il pastore si è affezionato a lui. Quando*
*esce dalla casa, apre il cancelletto di legno del giardino e si*
*guarda attorno, ma il cane non è più ad attenderlo nel solito*
*luogo.*

\*

Tycho gli presentò un foglio. «È un contratto che stabilisce i termini del nostro rapporto» spiegò. «Vitto e alloggio gratuiti, vestiti nuovi ogni Natale e un salario. Soprattutto l'impegno da parte vostra che non parlerete a nessuno delle mie ricerche e delle mie strumentazioni, sia per il periodo che vi fermerete al mio servizio sia per il futuro.»

Il giovane prese il foglio e lo lesse con cura. Lasciai correre lo sguardo sul dorso dei libri appoggiati sugli scaffali e sui ritratti alle pareti; quel silenzio un po' m'imbarazzava. Terminata la lettura del contratto, il giovane si chinò sul tavolo, prese una penna, ne intinse la punta nell'inchiostro e firmò. Una firma lineare, senza svolazzi.

«Non volete pensarci per qualche giorno?» chiese Tycho.

«No.»

Tycho raccolse il foglio e soffiò sull'inchiostro fresco, poi aggiunse la sua firma.

«È tutto» disse Tycho soddisfatto. «Vi hanno già mostrato la vostra stanza. Ritiratevi. Più tardi vi farò vedere gli strumenti.»

«Non sono stanco.»

«Allora visitate la casa. Prendete confidenza con il luogo e le persone. Nel pomeriggio vi potrò dedicare del tempo.»

«Grazie» rispose e, con un abbozzo d'inchino, s'allontanò.

Quando fu sulla soglia, Tycho lo richiamò. «Un momento. Non mi avete detto come volete essere chiamato.»

«Longomontano» rispose l'altro quando era già fuori dalla biblioteca.


Tycho raccolse i suoi fogli e si recò in tipografia. Io restai nella biblioteca deserta e mi avvicinai a un libro che qualcuno aveva lasciato aperto su un tavolo. Era una copia dell'*Optika* di Witelo. Ne lessi qualche pagina, ma non riuscii a concentrarmi e dopo un po' mi venne fame.

In cucina trovai la vecchia Live. Le chiesi qualcosa da mangiare. Mi diede del pane e del burro. Alcune serve stavano spennando anatre e galline. Mangiai il pane seduto su uno sgabello, vicino a loro. Chiacchieravano sottovoce di cose futili. Mi venne sete e bevvi dell'acqua, raccogliendola con un mestolo da un secchio che stava sul bordo del pozzo. Per arrivare al secchio montai su una sedia. Le serve risero. Live le rimproverò e loro smisero. Saltai a terra. Live buttò l'acqua rimasta nel secchio in un grosso paiolo, tuffò il secchio nel pozzo e lo ritirò su pieno. Continuò fino a quando il paiolo non si riempì.

Nella sala da pranzo invernale non incontrai nessuno. Allora uscii nel giardino e trovai Sophie e Magdalene che lavoravano intorno a un'aiuola, estirpando erbe e seminandone altre. Sophie mostrava pazientemente a Magdalene come doveva procedere. Restai con loro. Passò del tempo; il sole era caldo, alcune nuvole si stavano avvicinando da settentrione. Ci raggiunse Kirsten con i due figli maschi. Lei e Magdalene parlarono di alcune questioni riguardanti i bambini. Kirsten si lamentò delle continue febbri di Jørgen e Sophie le consigliò alcune erbe da far seccare, triturare e poi da somministrare sciolte in acqua. Kirsten parlava sempre a voce bassa, bastava un refolo d'aria per portarsi via tutte le sue parole.

Le nuvole coprirono il sole. Non erano nuvole che portavano pioggia, subito rinfrescò. Kirsten e i bambini rientrarono. Sophie si accodò poco dopo, dicendo che doveva scendere in laboratorio a controllare alcuni matracci. Il vento cambiò. Magdalene continuò a lavorare nell'aiuola e io le tenni compagnia. La osservai. C'era una grazia nei suoi gesti, la grazia di sua madre. Le sue mani bianche, sporche di terra, sradicavano malerbe, scostavano ciocche dalla fronte sudata, riempivano il grembiule con l'erba strappata. Ritornò il sole. Io la guardavo e le sorridevo. Anche lei ogni tanto mi guardava e mi sorrideva. Non si parlava molto tra noi, però sederle accanto mi piaceva.

Feci il giro della casa e mi ritrovai al sole. Una delle sguattere che, poco prima, in cucina, spennava le galline, percorse il viale diretta agli alloggiamenti della servitù. Aveva un cesto sottobraccio con dentro, mi parve, delle uova. Imboccai il portale occidentale e mi avviai per la campagna, verso la cartiera. Non avevo una meta precisa, i miei passi erano guidati da un'inquietudine alla quale non riuscivo a dare forma. Nuvole grigie e basse avanzavano da meridione, aggrovigliandosi in arabeschi vaporosi. Dopo poco spirò un'aria fredda che sollevò mulinelli di polvere e foglie. Seguii il tracciato di un fossato e raggiunsi alcune delle vasche che digradavano verso il lago della cartiera. Sedetti vicino a una chiusa; le raffiche di vento scompigliavano la superficie inerte delle vasche, mentre sagome di pesci guizzavano lungo i bordi. Una rana si tuffò dentro una pozza dove l'acqua stagnava da alcuni giorni; notai alcuni contadini che tornavano dal lavoro con gli attrezzi in spalla. Ovunque mi rivolgessi non trovavo pace. Mi rialzai e ripresi il mio vagabondaggio. Una luce dorata tagliava il contorno dell'isola, ombre violacee si allungavano sulla terra increspata. Abbandonai la sequenza delle vasche e mi incamminai per un sentiero che svoltava, a margine di un campo, verso il mare. Al termine del campo anche il sentiero si interrompeva e la costa dell'isola scendeva ripida fino all'acqua. In una rientranza, dove aveva trovato spazio una piccola spiaggia di sassi, le onde si frangevano sordamente. Sedetti su un cumulo di pietre. Il sole si accostò al profilo piatto dello Sjaelland, seminando bagliori tra gli alberi della foresta. La mia inquietudine non mi abbandonava: qualcosa che non riuscivo a comprendere era accaduto o stava accadendo. La terra era satura di presagi che mi sfuggivano. Le nuvole salivano dal meridione rotolando su se stesse in mille volute. Prima che arrivassero a coprire il sole, ci fu un istante di immobilità assoluta, tutto sembrò trattenere il respiro; il mare diventò verde e grigio, solcato da vampe di una luce color ocra, e la terra sprofondò in un'ombra porosa e tetra. A breve il cielo rilasciò un velo di pioggia che si sparse trascinato nervosamente dall'aria senza bagnare. All'orizzonte, dove lo stretto si allargava verso il mare aperto, si stagliò un uccello nero. Volava alto, muovendo le ali solo di rado, per sostenersi. Dal mare scese verso l'isola seguendo una linea retta, indifferente alle raffiche di vento. Atterrò dentro a un cespuglio, stringeva tra gli artigli qualcosa, forse un serpente. Nello stesso istante uno stormo di corvi si sollevò dal campo che avevo attraversato e prese il volo. Gli spruzzi di pioggia erano tiepidi. Il mare incominciò a percuotere con più forza la costa. Le nuvole erano basse e gonfie, cariche di un affanno dal quale non riuscivano a sgravarsi. Un lampo tracciò il suo profilo asciutto all'orizzonte, ma non seguì nessun tuono. La pioggia sottile si trasformò in un acquazzone violento che non durò molto. Un veliero, manovrando tra le onde, puntò la prua verso Elsinore. Il cielo si aprì, nello squarcio comparve un quarto di luna. L'aria lavata sapeva di erba bagnata e di muschio. Una pietra si mosse dal cumulo sul quale ero seduto e rotolò per il pendio fino in acqua. Il cuore mi si fermò. Perse un battito. L'attimo dopo avevo compreso.

\*

Trovai Tycho all'osservatorio settentrionale mentre, con alcuni assistenti, stava eseguendo delle misure. Spiegava qualcosa a Longomontano indicando un quadrante per la misura dell'azimuth e dell'altezza. Attesi che notassero la mia presenza.

Tycho mi si avvicinò, ero bagnato dalla testa ai piedi e il mio aspetto aveva attirato la sua attenzione. Longomontano ci seguì con lo sguardo.

«Che accade?» mi chiese Tycho.

«Il re è morto.»

# XV

*Chi infatti disporrebbe questa lampada in un
altro posto o in un posto migliore da cui poter
illuminare contemporaneamente ogni cosa?
Così il Sole, sedendo in verità come su un trono
regale, governa la famiglia degli astri
che gli fa da corona.*

NICCOLÒ COPERNICO
De revolutionibus, Libro I, cap. X

Un vento ghiacciato sferzava il lato settentrionale della casa, a tratti ululando fra le statue e le coperture degli osservatorî. Nella stagione invernale la luce durava solo poche ore. Il nevischio, trascinato dal vento, picchiettava contro i vetri. Stavo scrivendo una lettera per Flemløse che, dalla lontana Norvegia, mi rispondeva con regolarità. Una candela diffondeva una luce esile sul foglio riempito di parole minute e di sbavi d'inchiostro; la mia calligrafia era sempre stata difficile da decifrare, ma non ero mai riuscito a migliorarla. Avevo addosso una coperta. La stanza era fredda, le nuvole del mio respiro mi sfioravano tiepide il viso. Bussarono.

«Chi è?»

«Longomontano.»

«Entra.»

Entrò. Di lui apprezzavo l'animo mite e il carattere riflessivo. Quella che il primo giorno avevo scambiato per alterigia era, in realtà, riservatezza. Poco a poco la sua presenza aveva riempito il vuoto lasciato da Flemløse. Anche Tycho lo aveva preso a benvolere per la sua indole meticolosa e per la sua coscienziosità, affidandogli la responsabilità della prima istruzione di Tyge e di Jørgen.

«Dovresti scendere, tra poco si cena» disse.

«Ho quasi finito.»

Gli feci segno che poteva sedersi sul letto. Spostò una bugia vuota, che avevo dimenticato sopra, e si mise comodo. L'altra bugia, sulla quale ardeva un mozzicone di candela, stava invece sullo scrittoio, accanto al calamaio.

«Tycho tornerà domani, se il tempo glielo permette.»

«Dovrebbe migliorare» osservai distratto.

Longomontano annuì, si alzò dal letto e si avvicinò alla finestra. Fuori non si vedeva niente. La notte era solo rumore di vento e di neve. Io terminai la lettera, vi sparsi della polvere asciugante e la piegai.

«Tycho è preoccupato» aggiunse lui, continuando a scrutare nel buio. «Con la morte del re ha perso il suo principale sostenitore e Cristiano è ancora un ragazzino, non si sa che cosa pensi. A Copenaghen, a corte e nel Consiglio, ha nemici invidiosi, gente che pensa che spenda troppo, che Uraniborg sia un lusso e che la Corona non può più permettersi di mantenere.»

«La regina è dalla sua parte.»

«Per quello che può contare la regina.»

«Tycho» chiarii «possiede una lettera in cui la regina afferma di aver sentito re Federico esprimere l'intenzione, poco prima della morte, di nominare successore di Tycho uno dei suoi figli.»

«È solo un pezzo di carta che giuridicamente non vincola la Corona in nessuna maniera.»

«Però fino a ora le rendite sono state tutte confermate e per di più Cristiano ha messo a disposizione di Tycho, poco distante dalla sua casa di Copenaghen, un torrione da attrezzare per osservazioni astronomiche, che dovrà restituire solo se sarà necessario per difendere la città.»

«Finora, ma domani nessuno può prevedere che cosa accadrà, prima che Cristiano abbia raggiunto l'età per governare. Questi sono anni di transizione nei quali nuove alleanze e nuovi equilibri si vanno costruendo. Tycho deve capire chi gli è amico. C'è anche la questione del libro pubblicato da Nicolaus Reimarus con un sistema dell'universo uguale al suo... Anche se può dimostrare che Reimarus è un impostore, la disputa non si risolverà facilmente. La sua posizione e il suo prestigio nel frattempo rischiano di indebolirsi.»

«C'era da aspettarselo da Nicolaus Reimarus, dopo quello che è successo.»

«È vero, però sembra che tutte le sventure si siano concentrate in questo momento...»

«Perché piova non è sufficiente una nuvola in cielo.»

Longomontano ascoltò la mia ultima considerazione senza commentarla. Interpretai il suo silenzio come il desiderio di scendere a cena. Quando Tycho era lontano e non c'erano ospiti, Kirsten mi permetteva di cenare seduto a tavola con gli altri assistenti. Nessuno, in quelle occasioni, mi chiedeva di fare il giullare. Spensi la candela e uscimmo. Sul ballatoio, appena fuori dalla stanza, Longomontano si fermò. «Quasi dimenticavo...»

«Che cosa?»

«Tycho mi ha affidato l'incarico di compilare un catalogo con la posizione delle stelle, un lavoro che non è stato più aggiornato dai tempi di Tolomeo.»

«È un incarico importante!» esclamai sorpreso. «Sono contento che Tycho l'abbia affidato a te.»

Longomontano ignorò il mio entusiasmo. Le emozioni eccessive, così come le lodi o le critiche, non lo toccavano. Il suo volto, imprigionato nell'espressione svagata di chi insegue più pensieri allo stesso tempo, lasciava trasparire molto poco.

«Naturalmente ho accettato» continuò «però gli ho chiesto un assistente.»

«E lui?»

«Mi ha detto di scegliere chi voglio.»
Lo guardai, avevo capito.

Raggiungemmo Stjerneborg coprendoci con mantelli pesanti. La neve gelata scricchiolava sotto i nostri piedi, una brezza lieve sollevava uno spolverìo di granuli bianchi che imperlavano gli abiti. Scendemmo la scaletta ed entrammo nella stanza riscaldata; c'erano due giacigli pronti c un tepore rincuorante. Quella notte avremmo lavorato soli, gli altri avevano già portato a termine le loro osservazioni dopo il tramonto. Ci liberammo degli indumenti più pesanti, che ci avrebbero ingombrato durante il lavoro, e ci spostammo nella cripta che conteneva l'armilla equatoriale. Con Longomontano avevamo già discusso in quali zone del cielo puntare lo strumento per evitare perdite di tempo. Nella cripta, parzialmente scoperchiata, faceva freddo quasi quanto fuori, ma la sua posizione interrata la riparava dal vento. L'asse dell'armilla, assieme al quale ruotava il circolo meridiano, puntava la stella polare ed era inclinato rispetto al piano del pavimento; l'equatore celeste era invece rappresentato da un semicircolo, perpendicolare al circolo meridiano. L'armilla misurava la posizione di un oggetto celeste attraverso la declinazione e l'ascensione retta, un sistema di coordinate simile alla longitudine e alla latitudine che aveva come riferimenti l'equatore celeste e il cloruro degli equinozi. A differenza del sistema di coordinate alto-azimuthale, che spesso utilizzavamo con altri strumenti, aveva il vantaggio di non essere vincolato al luogo geografico nel quale si trovava l'osservatore.

Individuammo la stella a occhio nudo e poi, salendo sui gradoni dell'anfiteatro, spostai il traguardo mobile lungo il semicircolo dell'equatore fino a inquadrare il bersaglio avendo come mirino l'asse dell'armilla. Mi fermai quando, osservando prima con un occhio e poi con un altro attraverso le due fenditure del traguardo, percepii la stella a destra e a sinistra dell'asse con la stessa intensità luminosa. L'angolo che il traguardo segnava sul semicircolo era l'ascensione retta. La dettai a Longomontano che l'annotò. Ruotammo poi il circolo meridiano, lo allineammo con la stella e, spostando su di esso un'alidada fissa nel suo centro fino ad allineare anch'essa con la stella, misurammo l'angolo di declinazione.

Ripetemmo l'operazione per più stelle e a notte inoltrata andammo a coricarci. Eravamo stanchi e avremmo dovuto svegliarci poco prima dell'alba per altre misurazioni. Scambiammo solo poche parole, poi Longomontano si avvolse nel suo mantello e in breve si addormentò. Nel buio della stanza percepivo il ritmo calmo e regolare del suo respiro. Al contrario io, benché spossato, non riuscivo a prendere sonno. Mi girai e rigirai nel mio giaciglio senza costrutto. Poi, stanco di quell'agitazione, mi alzai e uscii, per non svegliare anche Longomontano. Passeggiai all'interno del recinto che circondava l'osservatorio, le cupole di Stjerneborg emergevano dalla terra come bolle metalliche. La luce delle stelle si rifletteva sul biancore del paesaggio. C'era il silenzio della neve. Uraniborg si stagliava nella notte come un animale addormentato. Sentivo il sangue scorrermi nelle vene e la vita esplodermi nel petto con tutto il suo vigore. Era una sensazione piacevole, che mi lasciava ebbro di giorni e di ore, una smania inesprimibile nel corpo. Non sentivo quasi il freddo. Il mare era una presenza invisibile, lontana e vicina, che coglievo in una sfumatura dell'aria, nella risacca che si riverberava sul candore opalescente del manto nevoso. Alzai gli occhi al cielo. Le stelle erano punti dalla purezza cristallina che brillavano incastonati nella sfera celeste. Immaginai di poterli toccare, di poterli afferrare e stringere tra le mani come polvere argentata. Le costellazioni disegnavano nel cielo i sogni degli uomini, le loro storie e i loro deliri. Congiungendo a caso alcune stelle, mi accorsi che stavo cercando il volto di Magdalene.

Che cos'era il nero fuoco alchemico che mi incendiava il petto? Che cos'era il drago dai mille sussurri che mi danzava dentro come un secondo cuore? La frenesia mai appagata d'essere sempre altrove, di fare sempre altro? Quando studiavo, non riuscivo più a concentrarmi, restavo imbambolato a fissare una venatura nel legno del tavolo o l'accenno di una crepa nel muro, mentre la mia mente vagava in luoghi remoti quanto la sfera delle stelle fisse. Era una forma di pazzia che spezzettava le mie giornate in frammenti che non riuscivo a congiungere tra loro. Mi sembrava di non concludere nulla. Se qualcuno me l'avesse chiesto, non avrei saputo rispondere se ero felice o stavo soffrendo. Percepivo gli odori e i colori con un'intensità che mi stordiva. Il verde dell'erba, il giallo dei fiori, l'azzurro del cielo, l'odore del cibo, della carta, dell'inchiostro, delle persone, colpivano i miei sensi con un impeto che non sapevo attutire. Solo la presenza di Magdalene mi acquietava, la dolcezza del suo viso, del suo sorriso denso di mistero. La sua visione era un balsamo che spalmavo sulle ferite ulcerate di un'anima bramosa di tutto e di nulla, disposta a perdersi in un'eterna rimozione. Prendevo sonno a fatica dopo aver ringraziato Dio, ma l'ultimo nome che moriva tra le mie labbra in un dolce ed effimero sospiro era il suo, Magdalene. Impastavo tra lingua e palato quelle sillabe deliziose, le stendevo sulle labbra come un miele, le liberavo delicatamente tra i denti. Perché un suo sguardo mi innalzava a gioie ineffabili, mentre vederla parlare con un altro mi straziava il cuore e mi precipitava in un tetro cunicolo di sofferenza? Che cos'era quel bianco languore che mi coglieva all'improvviso e mi ammutoliva? Che cos'era quell'ombra pesante che calava dall'alto e cancellava con un battito d'ali la luce del sole?

Non mi riconoscevo. Quell'ostinato e innaturale salire e scendere dell'anima mi spossava, mi stava esaurendo. Avevo bisogno di aiuto. Mi confidai con Longomontano. Il solo che avesse la mia fiducia.

«È mal d'amore» sentenziò lui, dopo avermi ascoltato con attenzione.

«Che cosa significa?»

«Tu ami Magdalene. Ed è la disgrazia peggiore che potesse capitarti.»

# XVI

Iniziai a riflettere dentro di me se non potesse
trovarsi un'altra spiegazione che non fosse
costretta a fuggire di nascosto alle censure
teologiche e insieme rendesse conto in tutto
e per tutto delle apparenze.

TYCHO BRAHE De mundi aetherei
recentioribus phaenomenis

«Mi hanno riferito che sei di nuovo in partenza. Non mi piace venirlo a sapere dalla servitù» disse Tycho.

Nel laboratorio erano accese solo un paio di fornaci. Da una di queste usciva un vapore bianco, sporcato da riflessi rosso amaranto.

«Devo vendere dei terreni e ho trovato acquirenti. Erik ha bisogno di danaro, i creditori lo stanno tormentando» rispose Sophie.

«Non capisco perché tu voglia sposarlo. Erik è un sognatore, non ha i piedi per terra, con questa fisima di ricavare l'oro dal piombo ti porterà alla rovina. Sei vedova e ricca, qui puoi lavorare quanto vuoi, non ti manca nulla. Perché?»

«Mi stupisci. Proprio tu che hai scelto Kirsten contro il parere di tutta la famiglia. Ero una ragazzina ma, se non ricordo male, fui la sola a comprendere le tue ragioni. In quei giorni vaneggiavi di Basilea.»

*La stanza è male illuminata, c'è uno scrittoio ma non si distinguono le pareti. Sul tavolo sono sparse delle carte, c'è anche un calamaio con dentro una penna, che è stata usata da poco, e*

167

alcuni rotoli di pergamena. Un fascio di luce, come un lama, entra da un'apertura non molto larga e colpisce lo scrittoio. Fuori è giorno, ma nessuno saprebbe dire l'ora. Si odono rumori di buoi e di carri in movimento in uno spazio ampio.

«La amo, non è un capriccio» continua a ripetere Tycho.

Sophie sembra già una donna, le mani tengono uno dei fogli che ha raccolto dallo scrittoio. Sta leggendo, una lunga treccia le cade sulla schiena. «Se vai contro quello che il cuore ti suggerisce, soffrirai per sempre» dice.

Tycho cammina, scompare nell'oscurità accanto alle pareti e subito riappare dentro al riquadro di luce che illumina anche lo scrittoio.

«Forse vivendo in un altro luogo, lontano... Potrei condurre le mie ricerche, scrivere libri, e lei starebbe con me, crescerebbe i nostri figli. Nessuno avrebbe niente da ridire.»

Sophie è sorpresa, ma è abile a nascondere la sua reazione. «Quale città?» chiede.

«Sto pensando a Basilea. L'ho già visitata. Vi ho conosciuto gente che è interessata al mio lavoro. Potrebbe essere l'ambiente ideale.»

«La tollerante Basilea, che ti aspetti di trovarvi?»

Sophie ha parlato con un'espressione a metà tra l'ironico e lo sprezzante. Tycho si ferma quasi al centro della stanza. La luce lo illumina in parte, lasciando la testa nell'ombra. Le sue parole sembrano scaturire dal vuoto: «Non mi aspetto niente, ma qualcosa deve succedere. Nelle stelle è scritto che questa è solo una situazione transitoria».


«Invece di stare sempre a criticare, potresti aiutarmi» disse Sophie.

«Se ti riferisci al denaro, ne hai già avuto. Non posso dartene altro in questo momento.»

«Allora risparmiami questi atteggiamenti, sei mio fratello,

non mio padre. E io non sono più la ragazzina che pendeva dalle tue labbra quanto mi raccontavi degli esperimenti di Herrevad e della stella che dal nulla era comparsa in cielo. Amo Erik, benché sia quel che è. E se non assecondassi l'inclinazione del mio cuore, starei peggio.»

«Proprio perché non sei più una ragazzina dovresti ponderare meglio le tue scelte.»

«Sono stanca di discutere, Tycho, le tue conversazioni su questo argomento sono monotone. Non vuoi intendere le mie ragioni e non voglio obbligarti a farlo. Lascia perdere, non cercare di convincermi di qualcosa di cui non sono convinta.»

Tycho ebbe un gesto d'impazienza. Sophie non voleva dargli retta; quando si metteva in testa qualcosa, riusciva a essere più testarda di un mulo. Sembrava pronto a ricominciare, invece si arrestò a metà, con la bocca semiaperta, senza profferir parola, come se si fosse arreso alla sorella di colpo, cedendo senza condizioni. Sophie prese con una pinza un matraccio bollente e travasò un liquido denso e bruno in un mortaio. Dalla pietra sfrigolante si levò un vapore olivastro. Sophie allontanò di scatto la testa dal vapore ed esclamò: «Stai indietro!».

Tycho arretrò di alcuni passi e osservò la nuvola di vapore che si disperdeva verso il soffitto. Portò una mano al naso e fece una smorfia. Poi accennò ad andarsene, ma giunto nei pressi della scala si fermò e lanciò uno sguardo pieno di collera verso l'angolo nel quale mi ero rannicchiato, sperando di non essere notato. «Anche tu» sibilò «sei sempre dove non dovresti essere.»

L'amore per Magdalene seguitava a trapassarmi il cuore come una lancia di fuoco vivo intinta nella fiele. Soffrivo la pena di chi è costretto a camminare sulle braci roventi, l'arsura di chi avanza senz'acqua in un deserto di sale. Mi ingegnavo e mi tormentavo per starle vicino, per trovare in ogni giornata un momento, anche breve, da trascorrere in sua compagnia. Però quei momenti, che tanto agognavo, per i quali tanto mi affaccendavo, non placavano l'ardore della mia anima, anzi mi sprofondavano in una cinerea disperazione: più la sua bellezza aumentava, più sentivo che Magdalene mi sfuggiva, che si allontanava da me, che si trasformava in una figura incorporea, inavvicinabile; un'irraggiungibile cometa dalla coda risplendente.

Non so come fosse germogliata in me l'assurda illusione che potessimo fuggire insieme – l'amore dilava la ragione – però il frantumarsi e il ricomporsi quotidiano di quella grottesca speranza, dopo un suo sguardo maldiretto o una sua parola pronunciata soprapensiero, non faceva che aumentare la mia tortura. A nulla servirono i duri avvertimenti di Longomontano per farmi rinsavire, anche l'amore tra Erik e Sophie aveva contribuito ad alimentare le mie sciocche fantasie. Se i libri mi avevano trasmesso una forma di saggezza, perché non ne facevo alcun uso? L'illusione, alla quale mi aggrappavo come a un'icona forgiata dal mio dolore, mi concedeva di ignorare le differenze sociali e di dimenticare che ero un nano che aveva conquistato la sapienza ma non sarebbe stato mai uguale agli altri uomini. Il pensiero del mio corpo deforme tornò a corrompere i miei giorni come da tempo non accadeva. Arrancavo maledicendo il mio storpio destino e rimpiangendo che la morte non mi avesse già ghermito nell'infanzia.

Magdalene era ormai in età da matrimonio. Odiavo ogni nuovo visitatore di Uraniborg perché scorgevo in lui un rivale, il pretendente che, presto o tardi, me l'avrebbe sottratta per sempre. Accumulavo nell'anima rabbia e rancore in una mistura che mi intossicava il pensiero. Anche il cibo non aveva sapore, anche le stelle non mi davano consolazione. Di notte, al buio, nel mio giaciglio, piangevo silenti lacrime amare.


«Chi?»
«Gellius Sascerides.»

Il cuore e il respiro mi si spezzarono.

Longomontano continuò: «Gellius, mi hanno riferito, è stato al servizio di Tycho per quasi cinque anni e adesso ha completato la sua istruzione a Basilea, dopo un viaggio di molti mesi attraverso l'Europa. È un medico. Ha ricontattato Tycho al suo rientro perché doveva consegnargli alcune lettere di un astronomo italiano. Si è trattenuto alcuni giorni a Uraniborg verso la fine dell'estate, ricordi?».

Feci cenno di sì. Ricordavo la visita di Gellius e i suoi anni trascorsi come assistente, anche se i caratteri differenti non ci avevamo portato a stringere amicizia.

«È in quella circostanza che ha rivisto Magdalene» riprese Longomontano. «Lui se la rammentava bambina. È un buon partito, un giovane brillante che ha davanti la prospettiva di un'eccellente carriera accademica. Suo padre è olandese e insegnava lingua ebraica all'università di Copenaghen quando Tycho era studente.»

Facevo fatica ad ascoltare. Le parole sembravano giungermi da un luogo irreale e non da una persona che mi stava accanto. Era come se stessi affondando nel buio del mare e osservassi la luce del sole piano piano svanire verso la superficie.

«Gli approcci e la domanda di matrimonio sono stati fatti mentre Tycho era a Copenaghen. Le trattative, a nome di Magdalene, sono state condotte da Sophie. Hanno raggiunto un accordo per la dote, il dono di fidanzamento, il dono dopo la prima notte e le spese della festa di nozze. La prossima settimana verranno sull'isola per la richiesta formale. Sarà allora che si deciderà la data della promessa e dello sposalizio.»

Pur sapendo l'effetto che le sue parole provocavano, Longomontano manteneva un assoluto distacco. Era meticoloso come se stesse parlando di astronomia. Dal suo punto di vista, il matrimonio di Magdalene era l'unica via per guarirmi dal male che mi stava logorando. E il suo primo desiderio era che ritornassi quello che aveva conosciuto al suo arrivo.

«E lei? Lei è d'accordo?» chiesi interrompendolo.
«Non è mai stata tanto felice.»

*Tycho le spiega che cosa è accaduto. Le racconta degli incontri con il portavoce di Gellius a Copenaghen e dell'offerta di Sophie di trattare per lei.*
*Magdalene ascolta impassibile.*
*Tycho spiega che nella loro condizione non possono sperare in un partito migliore, Kirsten non è di nobili origini e nessuna famiglia aristocratica di Danimarca accetterebbe di legarsi a loro. L'amore non è importante, l'amore a volte nasce dentro al matrimonio, vivendo uno accanto all'altro.*
*Magdalene sorride e gli dice che ricorda Gellius: aveva solo tredici anni quando lui aveva lasciato Uraniborg, ma aveva sofferto. Quando l'avevo rivisto aveva sperato che fosse lui a chiederla in sposa. È felice che le sue preghiere siano state esaudite.*
*Tycho la abbraccia e le sussurra che quella, finalmente, è una buona notizia.*

Anche se la giornata non era fredda, il cielo caliginoso non prometteva niente di buono: bruschi salti di vento scuotevano gli alberi del frutteto e frustavano il Pegaso sulla cupola della casa. Tycho ordinò che fosse preparata la tavola nella sala verde. C'erano molti ospiti e desiderava che tutti fossero a proprio agio. Magdalene era la primogenita, teneva alla sua felicità: tutto doveva essere perfetto. Assistetti ai preparativi rinchiuso nella mia stanza, dove mi giungevano, attutiti, rumori di tavoli e sedie trascinati, tinnìo di stoviglie, il sommesso vociare della servitù.

A cena amici e parenti delle due famiglie presero posto nell'ordine che era stato stabilito. Per l'occasione Magdalene sedette accanto alla madre, affiancata dalle sorelle e dai fratelli. Elisabeth, tra loro, si distingueva per il portamento nobile e altero. Non possedeva la bellezza di Magdalene, ma la sua indole solitaria e meditabonda aveva qualcosa che colpiva e attirava l'interesse maschile. Non si era mai avvicinata al laboratorio alchemico o all'orto, rifuggiva da ogni attività con albagia, ma negli studi eccelleva più della sorella. Già si intuiva in lei la donna colta e sofisticata che sarebbe diventata.

A un cenno di Tycho il banchetto ebbe inizio. Vennero serviti brodo di carne, carpe, cacciagione, arrosto d'agnello alle erbe, sogliole con barbabietole, luccio con rape, dolce di mandorle e crostate con composta di frutta. I musici allietavano i commensali. Io non toccai niente di quello che Tycho mi gettava senza guardarmi. Avevo la bocca arida e il solo pensiero del cibo mi dava la nausea. Stavo male come quando avevo navigato con Morsing fino a Danzica.

Al termine del pasto un amico del futuro sposo si alzò, si parò davanti ai genitori della sposa e, a nome di Gellius, chiese, scandendo le parole, la mano di Magdalene. Prima Tycho e poi Kirsten acconsentirono con un sì squillante e gioioso. Tutti si felicitarono, sollevarono all'unisono i calici e brindarono. Assistetti alla scena con un groppo in gola, aggrappato alla vile speranza che qualcosa interrompesse il rituale e mandasse tutto a monte. Magdalene arrossì e chinò pudica lo sguardo nel piatto che conteneva il cibo che le era stato servito quasi intatto. Gellius invece, seduto all'altro capo della tavolata, si lisciava la barba e, tra una coppa e l'altra, le lanciava occhiate cariche di desiderio. Fremevo di rabbia e di gelosia. Stavo male. Avrei voluto essere altrove, fuggire nella notte, raggiungere la chiesa di Sankt Ibb e piangere sulla tomba di mia madre. A lei, alla terra che ospitava il suo riposo, avrei confessato tutte le mie pene, mi sarei liberato, forse, dall'incantesimo che mi avvelenava la vita.

«E ora Jep» proclamò Tycho dopo i brindisi «ci racconterà una delle storie per le quali è famoso in tutto il regno di Danimarca.»

Mi sollevai piano dal gradino, non potevo negarmi al mio signore. Avevo gli occhi lucidi, i convitati mi apparivano come dietro un velo mosso da una brezza vaporosa. Mi avviai attorno al tavolo, camminando nel mio modo goffo come mio solito, per andare a posizionarmi dove tutti potevano vedermi. Sul mio viso si avvicendavano smorfie che suscitavano ilarità, ma io avevo la morte nell'anima e ciò che gli altri scambiavano per maschere buffe erano lampi di disperazione. Sfiorai Magdalene nel tragitto e per un attimo interminabile aspirai il profumo dei suoi capelli, la tenue fragranza zuccherina della sua pelle immacolata. Quella sensazione trafugata mi strinse il petto in una morsa dolorosa e le giunture cricchiarono come sterpi secchi. Sentii tutta la goffaggine del mio corpo concentrarsi nella camminata, il respiro accorciarsi e le lacrime premere sull'orlo degli occhi lucidi. Ero un buffone, soltanto un buffone, che poteva tutt'al più indurre un sorriso sul volto della donna amata. La frattura tra lo scoramento che avevo dentro e l'allegria che provocavo intorno mi dilaniava. Avanzavo un passo alla volta, a rilento, come chi si avvicina alla forca, la mente a un unico pensiero.

Mi fermai infine davanti a Tycho e Kirsten, sul lato del tavolo libero dalle sedie e dai commensali. Sudavo. Chinai il capo, in un gesto che sembrò preparato, e le lacrime mi sgorgarono irrefrenabili. Tutti tacevano, in attesa del mio racconto. Anche i musici avevano deposto i loro strumenti ed erano pronti ad ascoltare le mie parole. Io invece sollevai lo testa, piantai con disprezzo il mio sguardo nello sguardo di Tycho e gli sputai tra i piedi. Poi, tra lo stupore generale, fuggii senza che nessuno muovesse un dito per fermarmi.

# XVII

*Mostrerò alla fine di quest'opera che la macchina
del cielo non è un corpo duro e impenetrabile
pieno di sfere reali, come i più
hanno creduto fino ad oggi.*

Tycho Brahe
De mundi aetherei recentioribus phaenomenis

Aprii e chiusi gli occhi più volte: non c'era differenza. Era giorno? Era notte? Giacevo supino su qualcosa di duro che sembrava legno. Ne avvertivo la superficie scabra contro la guancia. La testa mi doleva, avevo la bocca secca. Non ricordavo nulla. Tenni gli occhi aperti finché mi abituai all'oscurità. Pensai che, se avessi avuto un sorso d'acqua, la bocca avrebbe smesso di tormentarmi, e forse anche la testa di dolermi. Spinsi la lingua fuori dalle labbra e toccai il legno. Quando la ritrassi, mi ritornò in bocca un sapore amarognolo. Tutto era avvolto in un foschia che mescolava sogno e realtà. Provai a muovermi, ma subito un dolore di mille pugnali mi trafisse la schiena, come se un animale selvatico vi stesse conficcando i suoi lunghi artigli. Ritornai immobile, strinsi i denti. Il dolore diminuì. Pensai che avrei provato di nuovo più avanti. Ruotai il capo e poggiai sul legno l'altra guancia; sentii il collo irrigidirsi e contrastare il movimento. Nella nuova posizione arrivai a distinguere il contorno di una porta e un pezzo di cielo attraverso una fessura. Era notte. Nella fessura baluginava una stella. Non la riconobbi. Sentii freddo, ma non c'era niente con cui coprirmi; avevo addosso soltanto i miei vestiti. Per quanto mi sforzassi, non riuscivo a ricordare niente. A ogni respiro il dolore

177

alla schiena si riaccendeva. Dall'odore nell'aria e dal colore del cielo intuii che si approssimava l'alba. Di quale giorno? Spostai adagio un braccio lungo il fianco e poi con la mano mi toccai il dorso, ignorando le fitte. Avvicinai poi la mano al naso e percepii l'odore del sangue. Il mio sangue. Avevo la schiena ridotta a una piaga. Che cosa mi era accaduto? Non ricordavo nulla. Tesi il braccio al di sopra della testa, dove non riuscivo a vedere. Sull'orlo del tavolato incontrai una ciotola di metallo. Vi immersi le dita e sentii dell'acqua. Trascinai la ciotola vicino alla bocca e, sollevando faticosamente il capo, riuscii a bere un sorso. L'acqua aveva un cattivo sapore, ma mi diede ristoro lo stesso. Richiusi gli occhi, mi appisolai. Sognai. C'era un uomo, ma non distinsi altro. Sogno e veglia si alternavano e si sovrapponevano caotici. Ombre sottili calavano dall'alto, sferzando l'aria. Schiocchi crudi che mi rimbombavano nella testa, urla e risa. Quando riaprii gli occhi, era giorno fatto. Attraverso la fessura scorsi il cielo bianco dell'alba.

Ricordavo tutto.


*Sono sulla staccionata che delimita i terrapieni. Guardo in basso. Non vedo niente. L'ombra del terrapieno si allunga cupa sul terreno a nascondere ogni cosa. Cerco un punto andando a memoria. Chiudo gli occhi e salto. Atterro nell'erba molle e rotolo in avanti. La gobba urta una pietra. Rimango qualche istante a terra, a occhi serrati, concentrato sul dolore che mi trafigge. Poi mi rialzo e mi guardo attorno. Silenzio. Fuggo. Corro nella notte illuminata dal riverbero di una luna monca; una luce gracile e spettrale. La terra del sentiero attutisce il rumore dei miei passi. Corro come se avessi qualcuno alle calcagna, ma nessuno mi insegue. Uraniborg è alle mie spalle. Corro calpestando pietre ed erba. La sagoma bianca di Sankt Ibb mi si para innanzi nell'aria fredda e rarefatta della notte. Corro. Il fiato mi si spezza in cento ansimi contratti. La chiesa è chiusa. Non me ne importa. Il mare è una placca nera che si con-*

*trae addosso al nero della terra addormentata. Cerco la tomba di mia madre. La trovo. Cado in terra, senza forze, e abbraccio il tumulo. La terra è fredda come ghiaccio, dura del gelo che sta lentamente scendendo tra le sue maglie. Piango, a manate tiro fuori il dolore che ho accumulato dentro. Sono sfinito. Anche piangere è una fatica. Mi addormento senza accorgermene.*

*Mi svegliano due uomini. Sono servi di Tycho. È quasi l'alba. Il mio corpo è irrigidito per il freddo, i miei vestiti sono gonfi dell'umidità notturna. Mi tirano in piedi a calci. Le percosse richiamano un po' di calore nelle membra intirizzite. Quando mi rialzo, mi spintonano e mi insultano. Dove credevi di fuggire? Volevi lasciare l'isola a nuoto? Mi legano le mani e mi incitano a muovermi. Per un attimo mi coglie il terrore che abbiano avuto l'ordine di buttarmi a mare, invece imbocchiamo il sentiero che conduce a Uraniborg. Se cammino troppo adagio, mi spingono avanti a calci. Le mani legate dietro la schiena mi fanno perdere l'equilibrio, la corda stretta mi scarnifica i polsi. Cado. Entriamo a Uraniborg dal portale occidentale. Non mi conducono da Tycho, hanno già ricevuto disposizioni. Mi trascinano verso il portale orientale. Saliamo per una scala di legno ed entriamo in una stanza accanto a quella dei cani; li sento guaire e raspare. La stanza è buia. Uno dei servi accende una torcia dentro un torciere di ferro. Mi slegano le mani. In un angolo c'è un tavolaccio, a una parete due anelli di ferro. Mi rilegano le mani una per anello. Sono troppo in alto per me. Ho le braccia tese e sfioro il terreno con la punta dei piedi. La scena sembra divertire i miei aguzzini. Ho la faccia rivolta al muro. Distinguo i movimenti dei servi scrutando le ombre proiettate dalla luce oscillante della torcia contro la parete. Uno di loro ha in mano qualcosa e solleva un braccio. Un sibilo percuote l'aria e mi sferza la schiena. Il dolore è atroce. Il nerbo si rialza e colpisce di nuovo. Il secondo colpo è più forte di quello che l'ha preceduto. Urlo. Ridono. Il servo continua a colpire. Nella forza che mette dentro le nerbate c'è l'invidia accumulata verso il favorito del padrone, caduto in disgrazia. Il sibilo della sferzata e il dolore diventano un'unica cosa. Non distinguo più un colpo e l'altro, la stessa feroce intensità. L'altro servo dice che è il suo turno. Le lacrime non sgorgano, la voce non grida. Dalle labbra esce solo un gemito. L'altro servo inizia a percuotere. Pochi colpi ed è il buio.*

Mi abituai alla prigione, alla ripetitività delle azioni che segnava ogni momento. La mia cella era fetida. Anche la misera luce polverosa che penetrava dalle fessure sembrava frequentarla di malavoglia. Mangiavo una volta al giorno. Nella porta si apriva un'apertura e qualcuno depositava a terra una ciotola con dell'acqua e un'altra con della zuppa. Non scorgevo mai un volto, ma solo una mano e un lembo di manica. Tenevo da parte l'acqua e mi avventavo sulla zuppa, lappandola come un animale. La fame e il dolore erano gli unici compagni a cui dessi udienza. Sfogavo i miei bisogni corporali dentro un secchio che veniva vuotato ogni cinque giorni. Era quella la mia misura del tempo, precisa quanto gli orologi usati da Tycho per scandire i moti delle stelle. Il tempo era la sola cosa che avevo a mia disposizione, ma non sapevo che farne. Sovrabbondava. Dopo qualche settimana riuscii a sollevarmi e a camminare. Le ferite sulla schiena si erano poco a poco rimarginate; percepivo sotto le dita il gonfiore delle cicatrici. Avevo la casacca a brandelli, stracciata dalle nerbate, e pativo il freddo. Quando cadde la prima neve, mi passarono una coperta e un po' di paglia. Dormivo raggomitolato sul tavolaccio; le mie ossa si riabituarono alla durezza del legno nudo. Per combattere il freddo mi rannicchiavo in un angolo, distante dagli spifferi gelidi della porta. Nel corso delle giornate udivo lo stridio delle ruote dei carri che passavano attraverso il portale e i passi dei contadini che andavano a vendere le loro cose alla vecchia Live. Sentivo anche la puzza dei cani, che mangiavano mattina e sera, una volta in più di quanto fosse concesso a me. Un giorno udii qualcuno che piangeva, ma durò poco e mi convinsi di essermi sbagliato. Il vento portava i rumori e li tramutava, li rendeva irriconoscibili. Anche la neve cambiava i suoni; era come se la volta celeste si abbassasse e ogni cosa avesse meno spazio a disposizione e le distanze si riducessero. Il giorno di Natale ebbi la buona sorte di mangiare due volte. Anche se era sempre la stessa brodaglia, ne fui felice: qualcuno si rammentava ancora di me. Pensavo spesso a Tycho, a Magdalene, alle disgrazie che mi avevano portato in quella prigione. Non sapevo quanto sarebbe durata la segregazione, se sarebbe mai finita. Soffrivo soprattutto per la mancanza dei libri. Le ore mi scivolavano addosso collose, lasciandomi dentro un senso di inutilità peggiore della reclusione. Avrei voluto avere l'opportunità di discolparmi, di dimostrare la mia innocenza, ma potevo considerarmi davvero innocente?

La porta si spalancò, una ventata d'aria pulita invase la cella. Mi coprii il viso con le mani. L'oscurità era come se li avesse spenti giorno dopo giorno. Nel quadrato di luce si stagliava una figura umana.

«Longomontano!» esclamai con un filo di voce.

«Vieni» disse.

Lo osservai stupito. Non capivo. Non mi mossi dal tavolato.

«Vieni» ripeté «sei libero.»

Azzardai qualche passo e varcai la soglia della cella. Inondato di luce trasparente il giardino mi abbagliò. Piccole isole di neve si scioglievano pigre, in cielo nuvole bianche si alzavano fino al limite estremo della sfera sublunare.

«Che cosa... è... successo?» balbettai con una certa fatica, sorreggendomi a una gamba del mio liberatore.

«È meglio che ti dia una ripulita» rispose invece Longomontano «non hai un bell'aspetto e nemmeno un buon odore. Ho già detto a Live di preparare dell'acqua calda.»

Lo seguii. In un angolo della cucina trovammo Live che versava in una tinozza l'acqua che aveva scaldato sopra il fuoco, dentro un paiolo.

«Ecco il nostro ribelle» esclamò. «Togliti quella roba, t'ho preparato dei vestiti puliti. Quelli sono da buttare.»

Quando mi sfilai la casacca, mi vide la schiena e fece una smorfia. «T'hanno dato un bella lezione» disse. «Però te la sei cercata.»

Longomontano osservò senza commentare. Non dubitavo di dovere a lui la mia libertà, come non dubitavo che non lo avrebbe ammesso mai.

Dopo essermi lavato, indossai gli abiti puliti.

«Bene» disse Longomontano «adesso vieni.»

«Dove?»

«Ti sta aspettando.»

Impallidii e rinculai di un passo. Incocciai nella tinozza. Live mi risospinse avanti e disse: «Di che cosa hai timore?».

Non avrei saputo dirlo, però l'idea di rivedere Tycho mi terrorizzava. La sorpresa sul suo volto, la sera che gli avevo sputato tra i piedi, mi aveva perseguitato durante i mesi di reclusione. Con che coraggio mi ripresentavo a lui dopo aver rovinato la festa della proposta di matrimonio di sua figlia?

Mi accodai invece a Longomontano, senza obiettare. In quel momento la mia forza di volontà era così debole che lo avrei seguito ovunque. Attraversammo il lungo corridoio, superammo la fontana ed entrammo in biblioteca. La casa era stranamente silenziosa e deserta. Tycho era accanto a uno scaffale, stava sistemando dei libri. Quando Longomontano si fece da parte, me lo trovai di fronte. Tycho mi guardò con espressione vuota, quasi indifferente. Nei suoi occhi scorsi un lucore tenue, l'impronta di una stanchezza che lo aveva logorato. Le sue mani, che stringevano ruvidamente un libro, sembravano più incerte, segnate da un tremito appena percettibile.

Mi lasciai cadere in ginocchio. Avrei voluto ringraziarlo per la sua benevolenza, ma non avevo più voce. Era come se le parole mi si fossero appiccicate al palato. Sentii le mani di Longomontano che mi afferravano per le spalle e mi risollevavano. Quando fui in piedi, Tycho gli fece un cenno con la testa. Potevamo andare.

«Ho ottenuto di farti sistemare nella mia stanza. Non c'era spazio per un secondo letto, però mi sono procurato un po' di paglia. L'ho messa in un angolo, dovrai accontentarti.»

Non avevo pretese. In un certo senso era come partire da capo.

Entrammo nella camera. Nell'angolo accanto alla finestra c'era della paglia con un telo e una coperta. Longomontano raccolse un plico di fogli da un ripiano e me li porse. «Ho conservato gli appunti e le lettere che ho trovato sul tuo scrittoio.»

«Grazie» presi le mie carte e le sbirciai. C'erano annotazioni, calcoli, disegni. Sarei stato ancora capace di scrivere? Depositai il plico sulla mia coperta e chiesi a Longomontano ciò che avrei voluto chiedergli fin dal momento in cui aveva aperto la porta della mia cella. «Magdalene?»

Longomontano non rispose subito. Si aspettava la mia domanda, cercava le parole giuste. «Il matrimonio non si farà» disse.

«Il matrimonio non si farà?» ripetei a cercare conferma.

Longomontano annuì. «Gellius» aggiunse «ha incominciato a porre questioni sulla dote e sul banchetto di nozze.»

«Ma gli accordi economici non erano già stati decisi?»

«Sì, però lui li ha rimessi in discussione. Ha costretto Tycho a fare nuove concessioni e ad aumentare la dote di Magdalene. A un certo punto è stato chiaro che stava cercando solo di tirarsi indietro e, per quanti sforzi diplomatici siano stati fatti, non si è riusciti a ricomporre la frattura. Tycho si è visto costretto ad annullare gli accordi in via ufficiale e a respingere la proposta di matrimonio.»

«Questo significa che...»

«... che Magdalene si è già compromessa e nessuno la vorrà più in moglie. Gellius l'ha condannata alla solitudine.»

*Si trovano nella stanza rossa. Il letto è sfatto. Kirsten è seduta sul bordo e Magdalene singhiozza con la testa poggiata sul suo grembo. C'è anche Sophie nella stanza, ma rimane in disparte, in piedi, vicino allo specchio. Le lacrime della nipote la scuotono, la affliggono. Sotto allo specchio ci sono un piccolo tavolino e uno sgabello; sul piano del tavolino sono sparse una spazzola e alcune boccette di vetro con essenze colorate.*

*Tycho entra senza bussare, se ne scorda. Ha in mano un foglio di carta e si avvicina al letto. Kirsten, senza smettere di carezzare la schiena di Magdalene, si china per sussurrarle qualcosa nell'orecchio. Magdalene si solleva, ha gli occhi rossi, gonfi di pianto e di sonno. Tycho le porge il foglio. «Devi firmare anche tu» le dice.*

*Magdalene prende il foglio, non lo legge, si avvicina allo scrittoio e pone la sua firma sotto quella del padre. Poi scoppia di nuovo a piangere. Sophie si china su di lei e la stringe a sé. Kirsten raccoglie il foglio dallo scrittoio e lo consegna al marito. Tycho guarda le due firme, lo piega e lo infila in una tasca. Poi, a capo chino, abbandona la stanza.*

«E adesso dov'è?» chiesi con una sfumatura d'ansia.

«Al castello di Eriksholm, con sua zia Sophie.»

Longomontano mi squadrò. «Non ne hai avuto abbastanza?».

# XVIII

*Nessun uomo nel pieno possesso delle proprie facoltà mentali potrà mai credere che la Terra, greve e tarda, si agiti su e giù attorno al suo centro e a quello del Sole.*

Jean Bodin Universae Naturae Theatrum

L'imbarcazione tagliava obliqua le onde, sollevando spruzzi di schiuma bianca ogni volta che la prua affondava nell'acqua. La vela, gonfia di vento, schioccava di raffiche improvvise. I marinai tribolavano per mantenere la rotta.

«C'è Tycho a bordo» dissi. «Bisogna avvertire Uraniborg.»

Longomontano mi guardò. Forse avrebbe voluto chiedermi spiegazioni, ma si trattenne. Si limitò a osservare per qualche momento l'imbarcazione che avanzava tra i flutti e poi andò a cercare Peter, il mastro cartaio. Peter si affacciò all'ingresso della cartiera, asciugandosi le mani nel grembiale imbrattato e conferì con Longomontano. Annuì, chiamò uno dei suoi garzoni e lo mandò ad avvisare. Il ragazzo imboccò di corsa il sentiero che risaliva la costa a fianco della diga. La ruota della cartiera mulinava morsa dal getto d'acqua che colpiva le sue pale. I tonfi dei magli, che pestavano le strisce di lino macerate, rimbombavano anche all'esterno della costruzione.

«Rientriamo» disse Longomontano «voglio essere al palazzo quando Tycho arriverà.»

Anche noi ci incamminammo per il sentiero. Il vento soffiava veemente alle nostre spalle, quasi sospingendoci nell'ascesa, sollevando nugoli di polvere che accecavano.

Longomontano avanzava con una mano sul berretto per evitare che le raffiche glielo portassero via. Raggiunta la sommità, costeggiammo il piccolo lago formato dalla diga. Anche la sua superficie era mossa dal vento che veniva dal mare; nelle sue acque si rifletteva il metallo del cielo. A monte del lago, anziché continuare a seguire la serie di vasche e di chiuse che proseguiva verso oriente, prendemmo un altro sentiero che, scorciando per i prati dove pascolavano gli animali, puntava verso Uraniborg. Il profilo arzigogolato della costruzione svettava contro il cielo, sulla sommità dell'altura innanzi a noi.

Tycho era invecchiato, mezzo secolo gravava sulla sua figura. L'aria assente, i capelli, soprattutto sulla fronte, diradati, la barba e i baffi scolorati e i vestiti cascanti, come se non ci fosse più il corpo di un tempo a sostenerli.

Quando scese dal carro che era andato a prenderlo al villaggio, Kirsten gli andò incontro.

«Avete fatto buon viaggio?» gli chiese, mentre entravano in casa e la servitù e gli assistenti ritornavano alle proprie incombenze.

«Il mare era un po' agitato, la traversata non è stata agevole.»

«E Copenaghen?»

«Copenaghen è il solito ricettacolo di malelingue.»

*Tutti i banchi della cattedrale sono occupati. Fa caldo. Il caldo di un agosto afoso. Il re è sull'altare, circondato dai membri del Consiglio, che insieme, secondo tradizione, gli depongono la corona sul capo. Tra loro c'è anche Steen, il fratello di Tycho. I membri del Consiglio si allontanano e Cristiano IV rimane solo. Nel primo banco è seduta la regina Sophie. Il vescovo parla a lungo, ma Tycho non ascolta. Indossa la catena dorata* dell'Ordine dell'Elefante e due medaglioni con i ritratti di Federico II e del nuovo re.

Dopo la cerimonia e il corteo regale, suo fratello lo avvicina. «Stai in guardia» gli dice, mentre si defilano.

«La situazione è così grave?»

«Il re ha nominato Friis cancelliere reale e si dice che voglia richiamare Walkendorf a Copenaghen. Uomini di fiducia che lavoreranno per rafforzare la monarchia a danno del Consiglio. Non saranno di sicuro tuoi alleati. E poi c'è Gellius che continua a sparlare di te.»

«Le questioni con lui si accomoderanno in tribunale» sbotta Tycho risentito.

«Che ti serve? Quand'anche il tribunale ti avrà dato ragione, il danno subìto sarà enorme. Sostiene che ti sei comportato come una persona falsa, che lo hai illuso senza aver avuto davvero l'intenzione di dargli in sposa Magdalene. Biasima in ogni angolo del regno la tua condotta ambigua. E la calunnia trova sempre orecchie pronte ad accogliere il suo alito soave, vola rapida di città in città e le sue mille lingue solleticano la perfidia degli uomini. Se un tempo il tuo nome incuteva rispetto e ammirazione, adesso lo pronunciano con una mano davanti alla bocca per nascondere i risolini di scherno. Nessun tribunale ti restituirà mai la dignità perduta».

Tycho poggia una mano sull'elsa della spada con un gesto impaziente. A stento domina la rabbia che gli provoca l'ignobile comportamento di Gellius.

«Il re è molto scontento anche per la faccenda della cappella di Roskilde» aggiunge Steen.

Tycho sospira. «Ho già provveduto a ordinare le riparazioni del tetto.»

«Non ne dubito, ma solo dopo che il re ti ha scritto più volte ricordandoti che, come beneficiario dei proventi della cattedrale di Roskilde, era tuo preciso dovere preoccuparti della manutenzione della cappella dei Tre Re. Quando è andato a visionarla, *non ha gradito vedere la pioggia filtrare dal tetto sul marmo del sarcofago di suo padre e di suo nonno... Non dimenticare che il feudo di Roskilde costituisce una delle tue rendite principali.»*

*Tycho accenna un gesto con la mano. «Avevo altre faccende per la testa. Non è semplice dirigere un complesso come Uraniborg... E poi ci sono state le mie disavventure familiari, il plagio di Nicolaus Reimarus, dal quale dovevo difendermi.»*

*«Ah, l'astronomia! Sempre questa astronomia!» Steen alza gli occhi al cielo. «Non dico che non avrai avuto le tue buone ragioni, ammetti però che ti sei comportato incautamente, come chi è troppo sicuro di sé e della propria posizione. Non dimenticare che ciò che si è guadagnato si può anche perdere. La ruota della fortuna gira in fretta e chi sta in alto può trovarsi a mordere la polvere.»*

*Tycho osserva il cielo terso di Danimarca, stringe gli occhi e arriccia le labbra. «Anche Cristiano IV» si difende «è stato conquistato dalla bellezza di Uraniborg, quando l'ha visitata.»*

*«Era solo un ragazzino che aveva perduto da poco il padre» rimarca Steen con un certo sussiego. «Adesso è re e in politica non è uno sprovveduto. Non illuderti che si lasci condizionare troppo dall'amore per le scienze.»*

*Attraversano un piccolo ponte di legno. Una carrozza sfila sulla strada, alcuni passanti si avvicinano al muro per lasciarle il passaggio.*

*«Dove sei diretto?» chiede Steen.*

*«A casa. Ci sono alcune lettere alle quali devo rispondere.»*

*«Ti accompagno.»*

*Camminano per un tratto in silenzio, ciascuno riflettendo per suo conto. La città è piena di gente, arrivata dal contado per l'incoronazione. Attraversano una piazza dove alcuni uomini si stanno dissetando a una fontana e discutono dei guadagni fatti con la vendita dei loro prodotti in quel giorno di festa.*

*«Uraniborg è uno splendido gioiello che ha attirato la cupidigia di molti, una lucerna che vorrebbero togliere dal moggio.*

*Sta sicuro che approfitteranno del colpo di vento che l'ha fatta oscillare, per intascarsi le sue rendite.»*

*«Che cosa debbo aspettarmi?»*

*«Preparati a tutto.»*

*«Anche l'esilio?»*

*Steen rallenta. Sono giunti davanti alla casa di Tycho. Steen gli poggia una mano sulla spalla. «Mi auguro non si arrivi a tanto» conclude, amaro.*

La notizia arrivò al sorgere del sole, mentre ero impegnato a scaricare legna per il laboratorio alchemico con alcuni servi. Ci affrettammo alla costa occidentale, attraversando i campi spogli e gelati. Tutta l'isola si era radunata in quel punto. La balena giaceva immobile lungo la riva, arenata sul basso fondale di pietre. Lastre di ghiaccio flottavano nelle acque schiumose dell'Øresund.

Scendemmo, aggrappandoci a cespugli e radici, scivolando sulla terra friabile. L'animale respirava ancora. Il suo corpo gigantesco era incrostato di conchiglie e di alghe, emanava odore di fondale emerso, di lenta decomposizione vegetale. Nuvole di fiato si levavano dalle bocche dei presenti che assistevano senza parole all'insolito spettacolo.

Allungai una mano e toccai la pelle dell'animale; al tatto risultò umida e grinzosa. La coda si distendeva in acqua, parzialmente sommersa dalle onde, mentre il capo giaceva tra le pietre, sporcato dai detriti che la gente, scendendo a riva, aveva tracinato con sé. Il corpo era appena inclinato su un fianco. Muovendomi tra la folla, percorsi la sagoma scura, lambita dalle acque verdi, e arrivai alla testa. Da qualche parte, in alto, si udiva il rumore di uno sfiato, lento e regolare, come aria che stesse uscendo dal foro di una vescica. Osservai con più attenzione il suo occhio, una sfera di vetro opaco. Provai il desiderio di toccarlo e tesi il braccio, ma non lo raggiunsi. Scorsi però, riflessa in angolo dell'occhio, la mia immagine con la mano protesa. Percepii come una vertigine e mi sembrò di precipitare.

*Il nero abisso si apre sotto i miei piedi. È una voragine. Attraverso luoghi senza luce, abitati da mostri silenziosi, acquattati dietro cortine di ombra liquida. Foreste di alghe mosse dalle correnti toccano le mie membra, banchi di pesci argentati mi circondano e mi spingono verso il basso. Strisce di luce viola e blu svaniscono nelle scure volute di acque abissali. Sprofondo. La luce è un'illusione che vive solo nel pensiero. Montagne rovinano in un buio nero e freddo, nel quale si perdono le loro pendici opache.*

«Vieni via.» Longomontano mi afferrò per una spalla.

Mi guardai attorno: qualcuno aveva acceso un falò, usando legni che le mareggiate avevano abbandonato lungo la costa.

«Ho freddo» dissi.

«Avvicinati al fuoco.»

Mi mossi verso le fiamme. La legna bruciava con schiocchi ripetuti, liberando un fumo denso, intriso di umori salini. Allungai le mani intorpidite. Il tepore del fuoco mi diede sollievo. Guardai le facce delle altre persone che si assiepavano attorno al falò e mi sembrarono tutte uguali.

«Sei pallido» disse Longomontano. «Che cosa hai visto?»

«Il Leviatano mi ha mostrato l'abisso.»

«Di che parli? Quale abisso?»

«La sventura verso la quale tutti ci stiamo dirigendo.»

# XIX

*Un nuovo astrologo vuole dimostrare che la Terra
gira e si muove e non il cielo o il firmamento,
il sole e la luna, proprio come se un uomo
su un carro o in una barca sostenesse di essere
in quiete e la Terra e gli alberi in movimento.*

MARTIN LUTERO Tischreden

Sulla costa dello Sjaelland bruciavano alcuni falò dai quali si levavano frammenti di cenere e scintille, sgranate dal sole al tramonto. Abbandonai la biblioteca per salire in camera. Il riflesso degli ultimi raggi sulle cupole del castello di Kronborg chiudeva ogni mia giornata. In quell'istante finale, segnato da un'ambigua appartenenza, la luce si dilatava in uno scarto sfavillante, quasi che sul ciglio dell'oscurità raddoppiasse la propria intensità. Nella fugace esuberanza del giorno che opponeva alla notte la sua vana resistenza, mi sembrava di cogliere l'essenza della vita umana, assediata dalle tenebre ma protesa a diradarle con brevi e luminose folate, convinta a ogni tornata d'averne avuto ragione.

Mentre salivo, mi parve di udire la voce di Longomontano e pensai di chiedergli di unirsi a me; non avevo voglia di stare solo. Entrai nella stanza verde, muovendomi adagio, lungo il bordo del tavolo che si protendeva nella penombra. Longomontano era nel padiglione che sporgeva dalla stanza verso occidente.

«Che te ne pare di questo Tengnagel?» La voce di Tycho mi sorprese. Mi fermai e mi nascosi.

«Non capisce molto di astronomia» osservò Longomontano.

Tycho rise. «È vero, tra libri e strumenti non si trova a suo agio. Però ci sa fare, ha una buona parlantina, è un diplomatico nato. Le copie della prima parte del catalogo stellare che ha consegnato sono state ben accolte. Sa come presentare le cose, gli piace viaggiare e fuori dal regno è ovunque ben accolto. Non immagini quanto abbia bisogno di un buon diplomatico in questo momento.»

Longomontano sedeva su una sedia che aveva preso da quelle che stavano intorno al tavolo. Anche Tycho era seduto. «Tutte le ricerche sono a buon punto» aggiunse Longomontano.

Tycho sembrò annuire. «Abbiamo raccolto in questi anni una serie di misure che, in numero e qualità, superano il lavoro di qualunque astronomo dei tempi moderni e dei tempi antichi. Adesso occorre dargli forma, riunirle in una struttura matematica coerente, stabilire quale, tra le ipotesi che spiegano l'universo, sia quella vera. Un tempo i dati raccolti erano pochi e viziati da errori anche grossolani, bastava che le ipotesi concordassero entro un certo margine con i dati empirici perché gli si accreditasse valore, ma da adesso in poi non potrà più essere così. Il grado di precisione delle mie misure è tale che ogni ipotesi dovrà collimare alla perfezione per essere considerata corretta. Non potranno più coesistere differenti spiegazioni dell'universo.»

«Le tavole che si potranno ottenere saranno migliori persino delle tavole pruteniche» osservò Longomontano.

«Non mi riferisco solo alle tavole per predire le posizioni degli astri. Chi vuole trovare un pianeta tra le stelle non si preoccupa se il compilatore delle tavole è un seguace della scuola di Tolomeo, di Copernico o di Tycho, gli importa solo la precisione delle tavole, e in questo ogni sistema ha ormai raggiunto un livello di correttezza accettabile. Ciò che conta è invece stabilire in modo definitivo la struttura fisica del cosmo. Preso atto dell'inadeguatezza della dottrina di Aristotele, diventa prioritario comprendere la meccanica dei cieli che ruotano sulle nostre teste; qual è il centro di rivoluzione, che cosa li fa muovere e come, quali leggi ne determinano gli spostamenti? Io ho procurato la stoffa, adesso occorre qualcuno che confezioni l'abito.»

«Avete in mente qualcuno all'altezza?»

«Occorre una preparazione matematica non comune, i calcoli da affrontare sono lunghi e ripetitivi e, soprattutto all'inizio, bisognerà procedere per tentativi, con il rischio di ritrovarsi in un vicolo cieco. Certo è che, chi vi si cimenterà, non potrà portare a buon fine l'opera senza le mie misure.»

«Vi sottovalutate, mio signore» disse Longomontano. «Questa è un'impresa degna del vostro genio. A voi i posteri elargiranno la duplice gloria di aver immaginato il sistema per spiegare il mondo e d'averne poi dimostrato la realtà attraverso i dati empirici.»

«Ti ringrazio della stima e della fiducia che mi riservi, mio buon Longomontano. Il tuo aiuto e la tua persona mi sono entrambi cari. Vent'anni fa non avrei esitato a cimentarmi in un lavoro di questa mole, ma adesso... Sono invecchiato, non ho più l'energia di un tempo, ho perso il mio antico vigore. Non c'è giorno che il pensiero della morte non si presenti al mio cospetto. Ed è un pensiero che mi inquieta.»

«Temete la morte, mio signore?»

«No. Accadrà quando la volontà dell'Onnipotente si compirà. Però la sua prossimità, che percepisco dentro all'alito greve che mi impasta la bocca al mattino, sembra che richiami i miei fallimenti. Nonostante la mia fama e la mia autorità, non sono riuscito a portare a buon fine le nozze della mia primogenita e non mi è bastata una vita intera a far sì che uno dei miei figli ereditasse Uraniborg.

Ho lavorato a lungo e, temo, invano. I miei amici più fidati sono morti o hanno perso i loro privilegi, e non è rimasto nessuno disposto a spendere una parola in mio favore in tutto il regno di Danimarca. Uraniborg è inerme di fronte agli sciacalli che ne vogliono fare strazio. Si sono sentiti autorizzati a sollevare il muso dalla lordura nella quale sono soliti rimestare per attaccarmi proditoriamente. Nicolaus Reimarus, allo scopo di difendersi dalle mie legittime accuse di plagio, ha pubblicato un libello nel quale insulta me e la mia famiglia: si prende gioco del mio aspetto, del mio naso sfregiato, deride mia figlia rimasta senza marito, tratta mia moglie come una meretrice. Tutta Europa ride di me, e nessuno si preoccupa di discernere il falso dal vero, di districare la verità dal viluppo di calunnie nel quale l'hanno avvolta i miei detrattori.»

Il sole scese dentro la terra screziata di viola e un'ombra lugubre invase il padiglione. A occidente, nel cielo indaco e rosa, brillava Venere, avvolto in un'aureola di effluvi giallognoli.

«C'è ancora tempo.»

«No, Longomontano, tempo non ce n'è più. Magdalene resterà per sempre senza marito e anche i giorni di Uraniborg sono contati. Fosche nubi di tempesta si addensano all'orizzonte. Una tempesta che ci spazzerà via tutti.»

«Chi ci può voler così male?»

«Uomini invidiosi del nostro splendore o attratti dalle rendite di cui godiamo, che manovrano oscure leve. Il re ha orecchio solo per le loro voci suadenti e ingannevoli che lo lusingano e lo blandiscono. I feudi in Norvegia e di Roskilde ci sono stati tolti. Uraniborg ormai è solo una pedina in balìa dei conflitti tra filippisti e gnesio-luterani per la supremazia religiosa e culturale nel regno. L'astro di questi ultimi, ostili alla filosofia naturale, sta salendo inarrestabile nel cielo di Danimarca. I tempi sono cambiati e ci sono avversi, inutile appigliarsi a false speranze. Il futuro per noi è altrove, lontano da Uraniborg.»

Sophie e Magdalene giunsero con una nave partita da Landskrona. Un carro le trasportò, assieme ai loro bauli, fino a Uraniborg e si arrestò davanti alla casa. Il cavallo, legato tra le stanghe del carretto, scosse il capo più volte mentre alcuni servi posavano a terra i bauli delle due donne. Magdalene abbracciò prima Tycho e poi Kirsten.

«Entrate» disse Tycho.

Salirono i gradini dell'ingresso. Magdalene a fianco della madre, Sophie a fianco del fratello.

«I bauli metteteli qui, assieme all'altra roba» disse Tycho ai servi, indicando la prima stanza a destra, nel corridoio.

«Dov'è Erik?» chiese poi a Sophie.

«Ci raggiungerà a Copenaghen, gli è più comodo.»

Tycho entrò nella sala da pranzo invernale. «Ho fatto preparare qualcosa di caldo.»

«Grazie.»

Magdalene e Sophie sedettero e mangiarono la zuppa fumante.

«Come procede?» chiese Sophie allontanando da sé la ciotola quasi vuota. Una serva la prese e la portò via.

«Gli strumenti sono imballati. Siamo pronti» rispose Tycho.

La stessa serva portò una brocca piena d'acqua. Magdalene se ne versò un bicchiere. Un colpo di vento fece sbattere la porta della stanza.

«Qualcuno chiuda l'ingresso» disse Tycho.

Si sentì un rumore di passi nel corridoio e il tonfo trattenuto del portone.

«Hai smantellato anche il laboratorio?»

«È tutto nelle casse.»

«Posso vederlo?»

«Quando vuoi.»

Sophie guardò il legno logoro del lungo tavolo e i decori sulle piastrelle della stufa. Lei e Tycho erano seduti al centro, Magdalene e Kirsten in fondo al tavolo, accanto alla stufa. A loro due si era unita anche Elizabeth.

«Dove sono gli altri?» chiese Sophie indicando le nipoti con un cenno del capo.

«Jørgen e Tyge?»

«Sì.»

«Anche loro si uniranno a noi a Copenaghen.»

Sophie allungò una mano verso il braccio di Tycho e gli sistemò un polsino della camicia. «Quando partiremo?» chiese.

«Domattina.»

«Già domani?» il volto di Sophie si distese in uno stupore sincero.

«Sì... Ti ho già detto che è tutto pronto, è inutile procrastinare.»

«Pensi di stabilirti a Copenaghen?»

Tycho allargò le braccia sconsolato, lasciando intendere che non dipendeva da lui.

«Sai che non potremo seguirti se andrai oltre» aggiunse Sophie, evitando di guardare il fratello negli occhi.

Tycho le prese una mano e le sorrise. «Lo so... Non importa.»

Elizabeth stava mostrando a Magdalene una lettera. Kirsten si lisciò il vestito e accomodò una ciocca di capelli sotto la cuffia. Il suo volto magro e le sue mani mostravano le increspature delle prime rughe. Gli anni avevano depositato un'ombra tenue sulla sua pelle bianca.

Sophie si sollevò dalla panca. «Scendo a vedere il laboratorio» disse.

«Vuoi che ti accompagni?»

«No.»

Sophie imboccò la scala a chiocciola che, dalla stanza da pranzo invernale, scendeva nel sottosuolo. Il laboratorio era vuoto, persino il tavolo centrale, attorno al pilastro, era stato rimosso. Le bocche dei forni spenti esalavano un sentore di combustione, una luce grigia, proveniente dalle bocche di lupo vicino al soffitto invecchiava i mattoni anneriti. Tutto ciò che poteva essere asportato era stato imballato. In un angolo era rimasta ancora una cassa. Sophie tolse il coperchio e vi trovò alcuni mortai e alcune pinze. Richiuse la cassa e camminò intorno alla stanza, poi ritornò al piano di sopra.

Tycho e gli altri non c'erano più. Allora Sophie salì ancora agli osservatorî astronomici meridionali; anche lì non era rimasto più niente. Gli strumenti erano stati smontati pezzo a pezzo da giorni ed erano già in viaggio, assieme a Longomontano. Sophie uscì sulle passerelle di legno esterne, osservò la parte alta della casa e poi i giardini e i frutteti. Si scorgeva, oltre i bastioni, il braccio di mare che separava l'isola dalla Skåne. L'acqua, blu e torbida, vibrava nell'aria instabile. Il cielo era percorso da nuvole filiformi che correvano intrecciandosi. Il vento le scosse i capelli e la gonna. Sophie si voltò e disse: «Vieni qui!».

Io uscii all'aperto. Quasi inciampai.

Sophie rise. «Sono contenta che mio fratello ti abbia tirato fuori dal buco nel quale ti aveva rinchiuso» disse «però vedo che non è servito a toglierti l'abitudine di seguire le persone.»

Avvampai e guardai a terra, tra le punte dei suoi piedi.

«Non vergognartene. Non fai del male a nessuno.»

Sollevai la testa.

«Che desolazione vedere questi luoghi senza vita, non trovi?»

«Sì, mette a disagio.»

«Credi che Tycho, un giorno, ritornerà?»

Presi tempo. Guardai le voliere e gli alberi in fiore del frutteto. Il vento staccava i petali dai rami e li portava in giro come neve. Pensai che non avrei visto i frutti pendere da quei rami contorti. Poi guardai Sophie e risposi: «No, Tycho non ritornerà più».

In un angolo del giardino stavano fiorendo delle viole. Pensai che mi sarebbe piaciuto raccoglierle prima di partire.

«Magdalene ha capito perché ti sei comportato in quel modo» disse ancora Sophie. «Alla tua maniera l'hai lusingata.»

Avvampai di nuovo, le cicatrici sulla schiena e dentro nel cuore tornarono a farmi male. Ebbi la tentazione di chiederle di lei, ma esitai, persi l'attimo. Sophie disse: «Scendiamo». Sembrava in imbarazzo.

Attraversammo il corridoio. Sophie sostò accanto alla fontana vuota. «Credo di non averla mai vista senz'acqua» commentò. I nostri passi echeggiavano nella casa deserta e salivano senza ostacoli fino alla luce fitta della cupola. Raggiungemmo la cucina in cerca degli altri. Anche la cucina era stata smontata. Era rimasto il muro del pozzo, un tavolo, qualche paiolo e poco altro. Una cassa aperta, contro una parete, indicava che non ci sarebbero rimasti a lungo.

Vicino al pozzo, insolitamente seduta, c'era la vecchia Live. Quando ci notò, si alzò di scatto e corse incontro a Sophie. Appoggiò la testa sulla sua spalla e scoppiò a piangere.

«Avete visto che cosa sta accadendo, signora, avete visto?»

Sophie la abbracciò e tentò di consolarla.

«Non avrei mai immaginato» continuava a ripetere Live «… non avrei mai immaginato…»

# XX

Non ritengo che l'acquiescenza all'altrui autorità
e consenso debba spingerci al punto di trascurare
di valutare e approvare ogni cosa con il metro
delle osservazioni e delle dimostrazioni.

TYCHO BRAHE
Epistolarum astronomicarum libri, Liber I

L'acqua nera del porto sciabordava contro la banchina, un movimento che copriva e scopriva i piloni incrostati di conchiglie. La giornata era tiepida, il cielo sereno. Tycho camminava pensoso sul molo, tra merci di varia provenienza e marinai occupati a riempire o a svuotare le stive, con il fodero della spada che gli urtava uno stivale, attento a che le operazioni di imbarco procedessero correttamente. Si fermava, controllava che una cassa fosse ben chiusa, che una fune fosse legata nella maniera appropriata, che i marinai sollevassero il carico senza rovesciarlo, e poi riprendeva a muoversi.

Scendendo al porto, avevo riconosciuto l'osteria nella quale avevo sostato con Morsing, al tempo del viaggio a Danzica. Copenaghen non era cambiata di molto da allora, anche se in città si vociferava che il re avesse in serbo grandi progetti per trasformarla. Osservai i volti delle persone che mi passavano accanto e ripensai alla nostra isola, alla quale avevamo detto addio da qualche settimana. Ricordai la casa deserta, spoglia, sulla sommità dell'altura, che rimpiccioliva mentre il carro ci trasportava all'imbarco. Kirsten piangeva come mai avevo visto piangere, Magdalene che la consolava e Tycho con lo sguardo fisso tra le assi cosparse di fieno del fondo del carro, per evitare di guardare ciò che si lasciava alle spalle. Tutti avevamo la morte nel cuore e il senso di umiliazione ci aveva tolto ogni speranza. La notte precedente la partenza ero fuggito nei campi e mi ero lasciato cadere tra l'erba. Un alito d'aria frusciava tra gli steli. Seduto vicino a una delle vasche, forse quella dove Tycho mi aveva invitato a Uraniborg, avevo guardato per ore le stelle, seguito il percorso delle costellazioni, ascoltato i suoni della notte illune. Per l'ultima volta avevo preso sonno con il cielo di Hven sopra di me.


Tycho rimproverò due marinai che avevano appoggiato una cassa di malagrazia. Lo fece con voce acre, incollerita, preoccupato per la fragilità delle sue preziose strumentazioni. I marinai ascoltarono il suo sfogo e non dissero niente, ma con le casse successive usarono maggior cautela. Due bambini accanto a un mucchio di sacchi osservavano incuriositi il naso di Tycho, commentando irriverenti. Dei gabbiani, appollaiati sull'albero della nave, affondavano il becco a scatti tra le piume.

L'accoglienza a Copenaghen era stata avvilente. Nessuno si era presentato alla casa di Tycho per recargli notizie e dopo alcuni giorni gli era pervenuta un'ordinanza reale che gli proibiva di usare per le osservazioni astronomiche il torrione accanto alla sua abitazione e di allestire il laboratorio di alchimia.

Quella sera, a tavola, Tycho aveva detto: «Mi impediscono di lavorare».

«È il re?» aveva chiesto Tengnagel.

«Lui e tutti quelli che ha intorno… Non riesco a ottenere udienza.»

«Che cosa ci rimane, allora?»

Tycho aveva guardato le travi del soffitto e poi in un sussurro: «L'esilio, ci rimane solo l'esilio».

Quando il carico delle casse fu completato, Tycho ci raggiunse. Sophie si asciugò con un fazzoletto le lacrime per non farsi vedere dal fratello. Kirsten richiamò Jørgen e Tyge che si erano allontanati.

«È giunto il momento» disse Tycho, senza rivolgersi a qualcuno in particolare.

Raccolsi il mio fagotto, imitando Longomontano, e mi avviai verso la lucida fiancata della nave. Tycho aiutò Kirsten a salire a bordo lungo l'instabile passerella di legno. Tengnagel, invece, aiutò Elizabeth, prendendola con discrezione sotto braccio.

Quando tutti fummo a bordo, i marinai ritirarono la passerella e diedero inizio alle manovre per la partenza. La nave si staccò docile dal molo. Sophie ed Erik, rimasti a terra, salutarono con le braccia levate. Sophie non piangeva più, ma si premeva un fazzoletto contro la bocca.

In breve ci trovammo in mare aperto. In pochi mesi avevamo perduto la nostra casa e la nostra terra. Ci fermammo tutti a poppa, a guardare Copenaghen che scompariva; solo Tycho, a prua, guardava il mare che si apriva dinnanzi alla nave.

Nella stanza filtrava il vociare fitto della gente che sciamava verso la Marienkirche; contadini e signore con lunghi mantelli dai colli alti e rigidi, che si assiepavano intorno a carretti riempiti di ogni cosa. Tycho si affacciò, gettò un'occhiata nella via e chiuse i vetri della finestra. Oltre i tetti di alcune case basse, si vedevano le mura della città e le porte che conducevano ai moli e agli ancoraggi lungo la sponda del fiume Warnow.

«È giornata di mercato» disse Tengnagel.

«Troppo rumore mi disturba» ribatté Tycho.

«A chi state scrivendo?»

Tycho si sedette al tavolo e intinse la penna nell'inchiostro. «Scrivo al re» rispose. «Poiché non mi è stata accordata un'udienza, desidero che conosca il mio pensiero almeno per lettera. Voglio che sappia che l'esilio è stata una scelta forzata.»

«Sperate che muti atteggiamento?»

«Spero che la legga e che mi risponda. Poi vedremo il da farsi.»


La folla, nella piazza davanti alla Marienkirche, si assembrò attorno a un uomo che parlava indicando la facciata della cattedrale. Tycho e Longomontano si defilarono e raggiunsero un angolo più tranquillo della piazza. Da lì imboccarono una strada che costeggiava la cattedrale e conduceva al Rathaus, sormontato da sette torrette con sette campane, tutte uguali.

«Ho scritto al re quattro volte» disse Tycho «e quattro volte ho stracciato la lettera subito dopo averla terminata. Non voglio mendicare i suoi favori. Sono un uomo stanco e ingiustamente umiliato che vuole solo veder riconosciute le sue ragioni... Alla fine, ho conservato la quinta stesura.»

«L'avete spedita?» chiese Longomontano.

«No, ma lo farò nei prossimi giorni. Forse apporterò ancora qualche piccolo cambiamento.»

Camminarono fino a raggiungere una delle porte nelle mura, poi ritornarono sui loro passi. Un carretto, riempito di vasi di terracotta, urtò un blocco di pietra che sporgeva da un edificio e rovesciò in strada parte del suo carico. Superarono la piccola folla che si formò attorno ai cocci rotti e proseguirono.

«È meglio avvisare gli altri che stiano pronti: non ci fermeremo a lungo a Rostock» disse Tycho.

«Dove ci sposteremo?»

«Forse a sud... Venezia è un buon luogo dove ricominciare, o forse un'altra isola, ce ne sono molte nel mar Baltico adatte allo scopo, sotto la Corona polacca. Nell'attesa di verificare se sono percorsi possibili, chiederò ospitalità per l'inverno a un amico.»

«Non ritorneremo più in Danimarca?»

Tycho si spostò di lato per cedere il passo a un drappello di guardie cittadine, poi riprese il centro della strada. A ridosso dell'abside della chiesa di San Nicola c'erano alcuni verdurieri. Tycho si trattenne a osservare la mercanzia esposta. Una donna con il volto cotto dal sole voleva a ogni costo che acquistasse qualcosa, ma lui rifiutò. Dopo poco ripresero il cammino e Tycho disse: «Sto facendo tutti i passi necessari per risolvere la situazione, chiedendo l'aiuto di chi mi è rimasto amico, ma prima di ipotizzare un ritorno in Danimarca debbono essermi garantite due cose: che si dia continuità al lavoro interrotto a Hven e che sia assicurato un futuro decoroso alla mia famiglia».


La strada proseguiva in un regolare saliscendi, infilandosi tra basse colline, che si succedevano una dopo l'altra, apparentemente senza fine. Boschi dal fogliame autunnale ricoprivano in parte i dolci pendii. La giornata era calda, i cavalli scacciavano le mosche sbattendo la coda e scuotendo il muso. Io trotterellavo in groppa a un mulo, su e giù, lungo la colonna, passando in rassegna i carriaggi stipati di libri, strumenti scientifici, macchinari per la stampa, vestiario e altri beni della famiglia. Le ruote sobbalzavano sulla terra asciutta della strada e gli animali tendevano le imbracature nello sforzo di trascinare il loro carico in salita. Al nostro passaggio i contadini interrompevano il lavoro nei campi e ci scrutavano incuriositi, ristorandosi con un po' d'acqua delle zucche che portavano appese alle cintole.

Tycho cavalcava in testa alla colonna, seguito da Tengnagel e dal figlio maggiore, Tyge. Le figlie viaggiavano con Kirsten in una carrozza coperta. Il resto dei carri si snodava al seguito, perso in una coltre di polvere grigiobianca, ciascun carro affidato a un servo.

Affiancai quello sul cui viaggiava Longomontano. «Perché non cavalchi anche tu?» gli chiesi.

«Un mulo?» rispose guardandomi con una certa ironia.

«A te Tycho avrebbe procurato un cavallo» risposi stizzito.

«Lascia perdere, preferisco viaggiare così.»

Il servo seduto al suo fianco, un uomo con la testa piccola e i denti sporgenti che lo facevano assomigliare a un topo, scosse le redini per incitare i suoi cavalli. Anch'io spronai il mio mulo e raggiunsi la carrozza dove stava Kirsten. Trottai per un poco all'altezza delle ruote posteriori. Nel riquadro del finestrino, semicelata da un panno che pendeva dal tettuccio, scorsi Magdalene che mi spiava.


Nei due camini, che si fronteggiavano nella grande sala, ardevano due grossi ceppi. A Tycho ricordava la stanza della tenuta di caccia dove re Federico II l'aveva ricevuto per offrirgli l'isola di Hven. Alle pareti erano appesi arazzi, ritratti degli antenati del viceré Heinrich Rantzau, armi. Il soffitto era affrescato con scene di caccia. Tycho camminò fino alle alte finestre che si aprivano in fondo alla sala. Vide il fossato con i cigni e, oltre, i campi coltivati attorno al castello. Un gruppo di cacciatori, sopra un'altura, innalzava delle reti per catturare gli uccelli di passo.

«I vostri servitori stanno liberando dagli imballi gli strumenti e anche i torchi per la stampa. Ne debbo dedurre che, con mia grande gioia, vi tratterrete almeno per l'inverno» il viceré disse.

Tycho sussultò, non l'aveva sentito arrivare. Il viceré era un uomo di settant'anni, con la barba folta che terminava in due punte, i baffi che gli ricoprivano le labbra e il viso scavato da rughe profonde. La vecchiaia, pur avendo indebolito il suo corpo, non aveva intaccato le sue doti di politico accorto.

«Ho notato che sulle torri» rispose Tycho «c'è spazio per montare qualche strumento e una stanza dell'altra ala l'ho destinata alla stamperia. Ho pensato che così potrò continuare le mie ricerche e nello stesso tempo ultimare il mio libro.»

«Ne sono felice. Sapete che potete trattenervi a Wandsburg quanto volete… Mi auguro che mi permetterete di unirmi a voi durante le vostre misure.»

«Ne sarei onorato» rispose ancora Tycho. «Vi sono grato per l'amicizia che avete dimostrato a me e alla mia famiglia in questo momento di disgrazia.»

Il viceré fece un gesto spiccio, come a interrompere i ringraziamenti, e prese sotto braccio Tycho. Insieme riattraversarono la sala verso uno dei fuochi.

Tycho aggiunse: «Vorrei che la prossima primavera, quando partirò per cercare qualcuno che patrocini il mio lavoro, la mia famiglia si fermi qui. Finché non sappiamo dove andare, è inutile spostarsi tutti assieme. Mi raggiungeranno solo quando avrò risolto la situazione».

«Mi pare un proposito saggio. Avete già pensato a chi rivolgervi?»

«Ho qualche idea.»

«Per parte mia posso scrivere a qualcuno che ha debiti di riconoscenza verso di me.»

Rimasero davanti al fuoco in silenzio.

«Non è ancora arrivato l'inverno, ma il fuoco, soprattutto alla sera, è piacevole».

Tycho annuì.

Il viceré aggiunse: «Mi hanno riferito che un messo reale vi ha recapitato notizie».

«Sì» confermò Tycho. «È la risposta della Corona a una lettera che avevo inviato da Rostock.»

«Buone nuove?»

«No. Cristiano IV si è sentito offeso dalle mie parole. Ha giudicato le mie ragioni dettate da arroganza e orgoglio. In più passaggi m'accusa d'essere in malafede. Non credo ci sia più la possibilità di una ricomposizione.»

Il viceré sorrise e congiunse le mani al petto. «Mio buon Tycho, non dovete stupirvene. Il re sta conducendo una politica accentratrice e la vostra figura nel regno metteva in ombra il suo potere. Non ha agito mosso da malvagità, ma per calcolo politico. Alla fine, la vostra sola colpa è rappresentata dal vostro prestigio.»


I cacciatori bussavano alle cucine del castello offrendo prede ancora fumanti in cambio di altri viveri. Sbucavano da un sentiero dietro le scuderie, in lenta processione, dopo aver calpestato la neve fresca dei boschi, che gli restava attaccata ai calzari e si squagliava sul pavimento in pietra dei portici. Tronchi di alberi disadorni scandivano il cupo biancore della campagna, protendendosi muti verso la cinerea distesa di cieli instabili. I fumi delle case dei contadini ristagnavano bassi, poco sopra i tetti di paglia umida. Depressioni grigie e scure della terra dormiente si colmavano, come stagni, di una nebbia densa. L'acqua gelava nei ruscelli e negli abbeveratoi e, ogni mattino, uno scudiero spaccava la crosta di ghiaccio per permettere alle bestie di dissetarsi.

Tycho lavorava in una stanza della torre in cima alla quale

aveva sistemato gli strumenti, prendendo i libri che gli servivano dalle casse scoperchiate allineate contro la parete. Non di rado, però, lo si incontrava mentre percorreva i lunghi corridoi del castello, a capo chino, rimuginando sulle proprie sventure. Talvolta il viceré si accompagnava a lui e insieme vagavano tra le stanze o all'aperto, nei giardini brulli, discorrendo di astronomia e di politica.

Quando il tempo lo permetteva, io e Longomontano salivamo con Tycho sulla torre e, anche se con strumenti meno precisi di quelli di Stjerneborg, continuavamo a catalogare le stelle. La prima parte del lavoro era stata data alle stampe, ma il catalogo non era completo. Nelle notti terse le stelle avevano riflessi di ghiaccio e apparivano così vicine che veniva l'istinto di toccarle. Anche Tengnagel si univa al gruppo, ma non sopportava il freddo e rientrava presto.

«Preferisce osservare la dolce Elizabeth invece che la bellezza eterna dei cieli» mi sussurrava con aria maliziosa Longomontano. E io sorridevo per quel commento così insolito per la sua indole, mentre il mio cuore correva a Magdalene, il suo ricordo ancora mi feriva.

Il viceré, invece, avvolto nel suo mantello di pelliccia, su cui spiccava la testa candida, ascoltava le spiegazioni di Tycho e osservava dentro ai mirini le stelle che gli indicavamo. C'era in quell'uomo una curiosità che lo ringiovaniva, che gli permetteva di allontanare dal suo corpo le ruvide attenzioni della morte.


La primavera maturò lentamente nel grembo di quel gelido inverno e si manifestò nel breve volgere di pochi giorni. Sui rami spuntarono germogli madidi di rugiada. I ruscelli ripresero a scorrere con rumore gioioso e la neve si sciolse presto al tepore di un sole fragile. Giornate verdi e luminose mutarono il grigio e il bianco dei boschi. Sembrava che la bella stagione allontanasse le nostre sventure, come avessimo superato un'erta e a quel punto ci toccasse in sorte la meno aspra china discendente.

«Riparte» disse Longomontano.

«Solo?» gli chiesi.

«Tengnagel andrà con lui.»

«E noi?»

«Attenderemo notizie qui.»

Il disco della luna sfiorava le chiome del bosco. I cavalli, nella scuderia, nitrivano innervositi da qualche predatore. La nostra stanza si affacciava sul cortile interno, dove una fontana eruttava un fiotto d'acqua che andava a gettarsi nel fossato dopo un breve percorso tra le pietre. Le anatre starnazzavano nascoste nelle canne della riva.

«Ha già in mente a chi rivolgersi?» chiesi.

«Penso di sì. Quest'inverno ha scritto molte lettere.»

«Dove andrà?»

«A Praga.»

Impallidii e guardai Longomontano. «L'imperatore?» esclamai con un certo timore reverenziale.

Longomontano confermò: «Un uomo come Tycho non merita di meno».

«Tycho di certo saprà che il matematico imperiale a Praga è Nicolaus Reimarus.»

# XXI

*Cotal spacio, lo diciamo infinito, perché non è
raggione, convenienza, possibilità, senso,
o natura che debba finirlo: in esso sono infiniti
mondi simili a questo.*

GIORDANO BRUNO De l'infinito

Percorremmo un lungo ponte di pietra, aprendoci il passo tra la folla vociante. Con l'aiuto di Longomontano, mi sporsi dal parapetto e guardai il fiume. L'acqua della Moldava si infilava sotto le arcate lambendo spumeggiante i piloni. La osservai alcuni istanti, poi riprendemmo il nostro cammino. Io ero abbastanza nervoso, mentre Longomontano manifestava la calma di sempre; mi apriva la strada tra la folla, come nella corrente di un fiume, e io gli andavo dietro.

Un drappello di guardie armate, che incontrammo subito dopo, ci obbligò a mostrare i nostri bagagli e pretese alcune monete. Longomontano pagò senza sollevare obiezioni. Attraversammo una piazza nella quale si teneva il mercato dei cavalli; sparsi in terra c'erano paglia ed escrementi. I compratori si assiepavano attorno alle bestie, controllando i denti e gli zoccoli e carezzandole sul muso e sul dorso. Le vie strette, che si snodavano tra la cittadella ebraica e la città Vecchia e quella Nuova, erano affollate e lastricate di sporcizia umana e animale. Longomontano disse che sarebbe stato utile un bell'acquazzone. Negli angoli si incrociavano cani famelici che fiutavano qua e là in cerca di qualcosa da mettere sotto i denti. Alcune case erano state edificate in pietra, ma la maggior parte erano in legno e argilla. Orientandoci a fatica nel viluppo delle strade, ci dirigemmo verso la collina dove sorgevano il castello di Hradčany e la cattedrale di San Vito.

Prendemmo alloggio nella locanda che ci era stata indicata. L'oste disse che ci stava attendendo, anche se non sapeva con esattezza il giorno del nostro arrivo, e che avrebbe informato subito Tengnagel. Ci rifocillammo e ci riposammo alcune ore, il viaggio era stato lungo e faticoso. A sera, scendendo, trovammo il fuoco acceso e altri avventori, dall'aspetto si sarebbe detto mercanti, stavano mangiando quella che mi parve una zuppa di verdure. L'oste ci riferì che Tycho sarebbe venuto a incontrarci il mattino successivo. Allora mangiammo e salimmo di nuovo nella nostra camera. Prima di coricarsi, Longomontano scrisse alcune lettere. Io rimasi sdraiato in silenzio. Ripensai ai lunghi mesi dell'esilio, alle stagioni che si erano avvicendate, alla speranza che giorno per giorno rinasceva. Il nostro lungo vagabondaggio attraverso l'Europa forse stava volgendo al termine; presto avremmo rimesso radici in un luogo e Kirsten, Magdalene e tutti gli altri ci avrebbero raggiunto per un nuovo inizio. Al contempo non potevo fingere di ignorare un'ombra sconosciuta che m'abitava il cuore.

Al mattino si presentò Tengnagel, solo. Durante il breve tragitto verso la casa dove ci attendeva Tycho parlò poco. Le cose si stavano aggiustando e la notte precedente all'ingresso di Tycho in città, Nicolaus Reimarus era fuggito in gran segreto, abbandonando anche la moglie; quel comportamento vile aveva confermato la falsità e la doppiezza della sua persona.

Tycho era impaziente di rivederci e ci stava attendendo in giardino. La giornata era fresca e luminosa, gli uccelli danzavano da una fronda all'altra lanciandosi richiami. Il mio signore ci accolse con gioia, abbracciando fraternamente Longomontano. Aveva il volto provato, i baffi ingrigiti gli scendevano fin quasi al collare a gorgiera. Io mi tenni in disparte.

«Sono stati mesi densi di accadimenti» disse Tycho «avevo desiderio di rivederti. Dove sono Kirsten e gli altri?»

«A Dresda, saranno presto qui.»

«Bene» Tycho sorrise compiaciuto. «Come sta la mia famiglia?»

«Magdalene, mentre risalivamo il corso dell'Elba, ha avuto un lieve malore. Un po' di febbre, niente di grave, abbiamo solo rallentato il viaggio. Adesso sono tutti in salute.»

«E gli strumenti?»

«Alcune casse sono ferme a Magdeburgo, ma la maggior parte è con vostra moglie e il suo seguito.»

«Anch'io ho lavorato molto quest'inverno e ho completato il libro degli strumenti. Una copia l'ho consegnata di persona all'imperatore.»

«Allora l'avete incontrato» esclamò Longomontano. Stavamo camminando lungo un vialetto di ghiaia bianca, delimitato da alcune basse siepi.

Gli occhi di Tycho brillarono. «Sì.»


*Il segretario privato Barwitz dice loro di sedersi. Tycho e Tengnagel trovano posto su una piccola panca coperta da un drappo di seta verde, ma Tengnagel si rialza subito. È inquieto, e di star seduto non ha voglia. Cammina qua e là, soffermandosi ad ammirare l'intaglio di un piccolo tavolo in legno chiaro. Nell'anticamera ci sono altri mobili meno decorati e una finestra alta, affacciata sul cortile dove è ferma la carrozza che li ha condotti al castello.*

*Barwitz ritorna nell'anticamera e prega Tycho di seguirlo. Tengnagel li guarda uscire senza dire nulla. Non è deluso, immaginava che Tycho avrebbe incontrato l'imperatore da solo.*

*Barwitz e Tycho percorrono un lungo corridoio, abbellito da* statue e vasi che Tycho nota solo di sfuggita. Al termine del corridoio Barwitz si ferma davanti a una porta. «L'imperatore vi attende nella sala delle udienze» dice solo accennando un inchino.

Tycho entra. Nella sala, rischiarata da ampie finestre che mostrano il cielo terso di Praga, c'è l'imperatore. Il trono è vuoto e Rodolfo II è seduto su una panca, accanto a un tavolo. Nella sala non ci sono servitori. Tycho si avvicina e l'imperatore si alza accogliendolo con cordialità. È un uomo corpulento, con il viso tondo, il naso pronunciato, la barba corta e le sopracciglia che terminano sfuggendo verso le tempie.

«Conosciamo la vostra fama e la meticolosità del vostro lavoro. Siamo lieti che vi siate affidato alla protezione della nostra Corona. La nostra benevolenza non vi verrà mai a mancare».

Tycho si inchina e porge all'imperatore i suoi libri. L'imperatore li prende e li poggia sul tavolo. Tycho apre l'ultimo e gli mostra la dedica latina. Rodolfo se ne compiace, lo sfoglia e si sofferma sulle figure degli strumenti. Chiede se Tycho ha fatto anche i disegni e Tycho risponde di sì. Poi pone altre domande sul modo di utilizzare gli strumenti. Tycho risponde con precisione. L'imperatore parla con voce molto bassa, Tycho deve stare molto attento a ogni suo bisbiglio.

«È nostro desiderio che possiate continuare le vostre osservazioni nelle migliori condizioni. Abbiamo già individuato una casa, nei pressi del nostro palazzo, con una torre che potrebbe fare al caso vostro. Il nostro segretario ve la mostrerà.»

Tycho ringrazia compìto, ma lascia intendere che preferirebbe un luogo diverso, fuori città. A Praga, come era stato per Copenaghen al tempo di Federico II, gli mancherebbe la tranquillità necessaria al suo lavoro.

L'imperatore sorride, non sembra risentirsi del garbato rifiuto. «Avevamo previsto anche che la nostra proposta potesse non essere di vostro gradimento. A noi sarebbe piaciuto avervi vicino, potervi chiamare quando necessita un consulto. Voi sapete quanto le stelle siano capricciose e quanto amino celare tra le loro mani dorate i segreti dei destini degli uomini. La foschia che nasconde i giorni futuri va diradata con la dovuta cautela. È un'arte che non tutti sanno praticare con la dovuta arguzia.»

«Non mancherò di esaudire i desideri di Vostra Maestà» risponde Tycho «ma non fate eccessivo affidamento sui segreti che le stelle custodiscono con tanto scrupolo.»

L'imperatore lo osserva incuriosito, con i suoi occhi neri e penetranti. «Un modo insolito di esprimersi per un astronomo. Voi non credete che il destino degli uomini sia affidato alle stelle? A noi sembra che non potrebbe esservi luogo più degno e più puro al quale affidare tali segreti.»

«In parte, certo, è come voi dite, ma in parte il destino degli uomini è affidato a loro stessi, alla volontà che li sprona. Non è immodificabile quanto è scritto fra le stelle, così come non è immutabile il cielo che le ospita.»

L'imperatore ride. «Che idee bizzarre… Ma avrete modo di illustrarcele a suo tempo. Siamo sicuri che avrete ottime ragioni a sostegno di affermazioni tanto ardite.»

«Come desiderate» risponde Tycho.

L'imperatore si muove fino alla finestra e poi chiama a sé Tycho. Indica il cortile.

«Mentre attendevamo il vostro arrivo» dice «abbiamo notato la vostra carrozza.»

«Sì?»

«Che cos'è il dispositivo meccanico nella parte posteriore?»

«Un odometro.»

«Un nome curioso. A che cosa serve?»

«A misurare le distanze percorse.»

L'imperatore si volge verso gli orologi appesi nella sala delle udienze e dice: «Adoriamo i dispositivi meccanici. Sono affidabili, eterni, immuni alle passioni umane. Hanno il fascino delle cose inerti alle quali l'ingegno ha donato la scintilla vitale. Si muovono di un moto di trascinamento nel quale ogni ingranaggio deve collimare con quello vicino, non c'è spazio per le imperfezioni. Il movimento si trasmette come un sapere segreto di congegno in congegno. Conosce qualcosa di altrettanto preciso? Eppure, nella loro complessità, sono di una semplicità quasi irrisoria. Prima di aprirli e di esaminarli ci si immagina già ciò che custodiscono, ed è raro sbagliare. Non contengono sorprese. Gli uomini, al contrario, sembrano semplici e poi si rivelano complessi, troppe volte indecifrabili e sfuggenti. Non è facile da scoprire l'astuzia delle loro macchinazioni, e la loro trama oscura viene alla luce solo quando lo scopo è raggiunto».

Tycho ascolta mantenendosi sempre a qualche passo di distanza, come vuole il protocollo.

L'imperatore continua: «Vi sono meccanismi che riproducono con esattezza il movimento umano. Che cosa manca loro per essere vivi?».

«L'anima?» azzarda Tycho.

«L'anima... L'anima... Siete mai stato capace di vederla? Come ve la immaginate?»

«Come un altro me stesso, una copia della mia persona, ma senza il corpo.»

«Ho posto la stessa domanda ad alcuni teologi e uno di loro mi ha risposto che l'anima è solo un punto, un minuscolo punto nel quale si riassume lo spirito di ogni essere umano.»

«È una materia opinabile: ognuno può presumere ciò che vuole» rileva Tycho.

«È vero. Allora immaginate, per puro diletto di disquisizione, se l'anima non esistesse. Se anche l'uomo fosse solo movimento fine a se stesso, senza uno scopo, senza dignità alcuna»

«Una macchina?»

«Una macchina perfetta, certo» conferma l'imperatore «ma pur sempre una macchina.»

Tycho prende tempo. «Gli uomini hanno nel proprio spirito il desiderio innato di conoscere e dominare il creato che gli animali e le cose inerti non possiedono.»

«*Non tutti gli uomini manifestano la brama di conoscenza alla quale vi riferite. Sono forse uomini senz'anima?*»

«*Anch'essi possiedono lo stesso desiderio, ma non sanno riconoscerlo, oppure decidono di ignorarlo. È un'attitudine che è necessario coltivare. In fondo è questo il libero arbitrio.*»

«*Ancora il libero arbitrio! Vi parrà strano, però ogni volta che tentiamo di ragionare di questi argomenti finiamo sempre per parlare di libero arbitrio. E coloro che sostengono la predestinazione? Come può conciliarsi il libero arbitrio con la predestinazione? L'uomo si affanna forse inutilmente con l'illusione di poter disporre di sé e della propria vita, mentre in realtà la sua sorte è già decisa?*»

*Tycho abbassa lo sguardo rispettoso.* «*Mi state ponendo questioni alle quali è arduo dare risposta*» *dice.*

*L'imperatore annuisce:* «*Perdonate il nostro sfogo. Vi sono giorni in cui ci pesa molto essere quello che siamo e ci rassicura più la compagnia degli oggetti della nostra raccolta che la compagnia degli uomini. Alcuni hanno il difetto di risultare meno prevedibili dei dispositivi meccanici*».

«*Concordo. Le azioni degli uomini spesso sorprendono. E il tradimento arriva da chi meno ce l'aspettiamo.*»

*L'imperatore ride socchiudendo gli occhi.* «*Caro Tycho*» *aggiunge* «*le vostre parole sono degne della vostra saggezza.*»

«*Non ho mai avuto dubbi che avrei incontrato il favore e la compiacenza di Vostra Maestà.*»

*Per qualche istante i due tacciono e sembrano ascoltare il ticchettio degli orologi, poi Tycho propone:* «*Se lo desiderate, è vostro*».

«*Che cosa?*»

«*L'odometro, Maestà.*»

«*Non è necessario*» *risponde l'imperatore* «*basta che lo lasciate in consegna per qualche giorno al nostro segretario. I nostri artigiani lo studieranno e ne costruiranno uno identico.*»

*

223

Longomontano chiese: «Che cosa vi ha proposto?».

«Una rendita annua di tremila fiorini, un titolo nobiliare per la mia famiglia e una dimora nella quale realizzare una nuova Uraniborg. Molto più di quanto in cuor mio sperassi.»

Giungemmo al termine del vialetto, nei pressi di uno stagno. Lo specchio d'acqua, verde e immobile, rifletteva due alberi.

«C'è stata una pestilenza in città» riprese Tycho «la corte è rimasta lontana da Praga per parecchio tempo. Perciò abbiamo avuto questi mesi di ritardo.»

«E adesso?»

«Adesso pare che le cose si siano risolte. Praga è una città affascinante e tollerante, che ha conosciuto le dolorose ferite delle lotte di religione fin dalla rivolta utraquista, ben prima della Riforma. Credo che in questa terra, ricettacolo di dissidenti religiosi e politici, potremo lavorare senza alcun timore di persecuzioni.»

«In questa casa?»

«No. In questa casa vive una vedova che, su richiesta dell'imperatore, ci ha concesso l'uso della sua dimora, ma il luogo non è adatto ai nostri strumenti. Sulla torretta c'è poco spazio e il giardino non è un luogo idoneo perché la collina incombe e occulta buona parte del cielo. Non ci tratterremo a lungo. L'imperatore mi ha fatto altre proposte e devo scegliere quella che meglio si addice alle nostre esigenze.»

In quell'istante Tycho incrociò il mio sguardo e io non riuscii a trattenermi. «Il castello di Benatky» dissi «scegliete il castello che si affaccia sul corso dell'Iser.»

# XXII

Il Creatore Ottimo Massimo, nella creazione
di questo nostro mondo mobile e nella
disposizione dei cieli, ha guardato a quei cinque
corpi regolari che hanno goduto di 'sì gran
fama dai tempi di Pitagora e Platone sino
ai nostri giorni, e alla loro natura ha accordato
il numero e la proporzione dei cieli, e i rapporti
dei moti celesti.

GIOVANNI KEPLERO Mysterium Cosmographicum

Le acque dell'Iser mutavano con la luce del giorno: dal blu del mattino all'indaco della sera. Dove il corso del fiume formava anse, emergevano piccole spiagge di ciottoli bianchi e grigi; nei punti della riva in cui la corrente rallentava si scorgevano a volte gruppi di donne che lavavano i panni.

Il castello svettava in cima a una bassa collina, le cui pendici si smarrivano in un piano fino alla riva del fiume. Le ali dell'edificio e la torre campanaria della chiesa spuntavano dalle chiome degli alberi. Un bosco ricopriva i pendii dell'altura, interrotto dai tetti di paglia del villaggio.

Quando pioveva, accadeva sovente che il fiume rompesse gli argini e invadesse le vigne, i pascoli, i frutteti, i campi coltivati. La piana intorno alla collina si trasformava in un grande acquitrino, nel quale i contadini si spostavano a bordo di rozze barche di legno o diguazzando fino alla cintola nell'acqua giallognola. Ritirandosi, il fiume depositava sul terreno un fango che poco a poco si mischiava alla terra, donandole un colore pallido. Dopo ogni allagamento gli uomini ricostruivano gli argini in fretta, ma senza troppa fiducia, giacché una nuova piena li avrebbe sgretolati da capo.

Tycho aveva preso possesso della nuova dimora e aveva iniziato a costruire spazi idonei a ospitare osservatorî e laboratori alchemici. Presto le stanze che contenevano gli strumenti furono messe in comunicazione tra loro. Le ultime casse, rimaste indietro nel lungo viaggio dalla Danimarca, arrivarono poco prima che la neve rendesse troppo complicato il loro trasporto. Il loro arrivo sembrò significare per tutti la fine del nostro errare e delle nostre tribolazioni. L'astro di un nuovo inizio stava sorgendo in quel cielo, Uraniborg sarebbe presto risorta dalle sue ceneri. Ma il nostro destino ci veniva incontro procedendo per sentieri invisibili. Eravamo come viaggiatori notturni che avanzino ignari della minaccia che li attende nell'ombra.

Da dietro una porta sentii Tycho che si lamentava con suo figlio Tyge e con Tengnagel. «L'imperatore» diceva «ha dato l'ordine di pagarmi, ma il Tesoro non ha il denaro. Dei tremila fiorini annui assegnatici abbiamo avuto ben poco.»

«Perché non chiedete una nuova udienza, un sollecito dell'imperatore potrebbe accelerare le cose» suggerì Tengnagel.

«Se i soldi davvero non ci sono, anche l'imperatore può fare ben poco» rispose Tycho. «Incontrarlo poi non è così semplice. La corte è di nuovo a Pilsen a causa di un'altra pestilenza che affligge Praga, riallacciare i contatti richiede del tempo. Ho scritto, possiamo solo aspettare.»

«Per quanto?» domandò Tyge.

«Per il tempo che si renderà necessario. Nel frattempo dobbiamo riprendere con regolarità le osservazioni che siamo stati costretti a trascurare in questi anni. Voglio che si formino nuovi gruppi di lavoro, ho già ricevuto richieste da parte di studenti polacchi, tedeschi e boemi; tu e Longomontano avete acquisito sufficiente esperienza per aiutarmi a coordinarli. Anche Jørgen potrà rendersi utile.»

«E io?» chiese Tengnagel.

«Tu devi continuare l'opera di diplomazia che avevi già iniziato a Uraniborg. Distribuirai nelle corti europee i miei libri, racconterai dei risultati delle mie ricerche, della mia nuova dimora, della straordinaria benevolenza che l'imperatore ha manifestato nei miei confronti.»

«Anche a me piacerebbe andare con lui» disse Tyge.

«Vedremo» rispose Tycho. «In qualche occasione si potrà anche fare.»

Si sentì il rumore di una sedia che si spostava. Temetti che qualcuno si fosse alzato e stesse venendo ad aprire la porta, sorprendendomi a origliare. Allora passai in un'altra stanza. Non appena ebbi richiuso l'uscio alle mie spalle, mi accorsi che nella stanza nella quale ero entrato c'era Magdalene. Sedeva davanti a un fuoco acceso, con una lettera tra le mani. Guardava le fiamme. Si accorse subito della mia presenza.

«Vieni avanti, Jep. Non avere paura» mi disse.

Mi staccai dalla porta, contro la quale m'ero appiattito e mi avvicinai piano. Era la prima volta che mi trovavo solo con lei dopo quello che era successo.

«Siediti» mi disse ancora.

Sedetti sulla soglia del focolare, in modo da averla di fronte. Sentivo il caldo delle fiamme riscaldarmi la parte destra del corpo.

«Sto leggendo una lettera di Sophie» mi disse.

«Che cosa racconta?»

«Dice che l'ossessione di Erik di tramutare l'oro in piombo li sta riducendo in rovina, che lei ha sperperato buona parte di ciò che il suo precedente marito le aveva lasciato in eredità e che Erik ha anche problemi di salute. Nelle scelte d'amore è sempre stata una donna forte e indipendente, ma poco fortunata.»

L'implicito riferimento al suo matrimonio mancato creò un po' di disagio. Gellius era un fantasma che si era materializzato tra noi e ci allontanava. Magdalene ripiegò la lettera e se la depose in grembo, io aggiunsi un pezzo di legna al fuoco. La tensione del momento sembrò allentarsi.

«All'inizio sono stata molto male» riprese lei in un tono che mi parve forzatamente pacato. «Nel castello di Sophie ho trascorso notti insonni, durante le quali la mia vita mi appariva priva di senso, vuota e triste. Avrei potuto diventare una moglie felice, invece…»

*La finestra è aperta. L'aria che arriva dalla costa ha l'odore di un mare che non si vede, scuote le chiome degli alberi e strappa dai rami le prime foglie. Magdalene è sdraiata sul letto, sembra dormire, ma gli occhi si muovono sotto le palpebre abbassate e due righe di lacrime le segnano le guance.*

*Bussano alla porta.*

*«Avanti» dice Magdalene con un filo di voce.*

*«Non dormi?» chiede Sophie entrando.*

*«Fatico a prendere sonno.»*

*Sophie si siede sul bordo del letto e le accarezza una mano. «Devi smetterla di piangere» le dice, ma Magdalene non risponde.*

*Sophie guarda la finestra. «L'aria profuma di mare» dice ancora. «Mi ricorda l'isola.» Poi si pente di ciò che ha detto. Magdalene continua a piangere in silenzio. Il suo corpo magro è scosso da sussulti irregolari, come se stesse tremando di freddo. Sophie cerca parole che possano consolare e le usa. Poi rimane in silenzio. Anche il silenzio può lenire il dolore. Dopo qualche minuto le sembra che Magdalene si sia addormentata, allora si alza ed esce dalla stanza.*

*Quando la porta si chiude, Magdalene apre gli occhi. La stanza è buia, rischiarata solo dal debole bagliore delle stelle. Magdalene si alza dal letto e rimane per un po' ferma nel buio rassicurante della notte. Poi, barcollando, raggiunge la finestra. Ogni gesto, ogni movimento le costano fatica, come se l'aria le opponesse una resistenza sconosciuta che deve vincere a ogni passo. Guarda in basso e prova un senso di vertigine, il suolo sembra balzare all'improvviso verso di lei: un lampo nero che la disorienta. Si appoggia al parapetto per non cadere. Per un attimo le sembra che quello scarto repentino della coscienza le arrechi sollievo; il senso di vertigine la abbandona e lascia spazio ad altre sensazioni. Percepisce il dolore che le pulsa nel petto con rinnovata intensità e la solitudine che le tiene imbavagliato il cuore. Appoggia una mano sul seno e ascolta i suoi battiti. Se lo strapperebbe, se servisse a far cessare ogni dolore, a dimenticare, ma sa che solo il tempo placherà l'angoscia che la consuma. Lascia allora che il freddo del cielo le scenda dentro al corpo come un liquido, come un'acqua nera che tutto lava. Dopo che l'acqua è passata, le rimane un senso di grande vuoto. Intuisce un assestamento, il perdurare di un'assenza, la cheta uniformità di un mare ghiacciato che non disgelerà.*

«Anch'io ho provato…»

«Sì, immagino ciò che puoi aver sofferto nel corpo e nello spirito. Il mal d'amore procura ferite che hanno bisogno di molto tempo per rimarginarsi. Un po' forse ne sono responsabile: stavo bene in tua compagnia, mi piaceva parlare con te. Il mio atteggiamento forse ti ha illuso.»

«No!» esclamai. «Non avete alcuna colpa. Non avete mai fatto nulla che potesse incoraggiarmi. È stata la mia fervida fantasia a costruire ciò che non c'era. Ho fatto tutto da solo.»

La mia insistenza sembrò falsa. Di nuovo si formò un silenzio imbarazzato. Magdalene riaprì la lettera che teneva in grembo e rilesse alcuni passaggi, io fissai una macchia del pavimento in mezzo ai miei piedi.

«Saremo dunque destinati a soffrire per sempre?» chiese lei a un certo punto, come se stesse riassumendo in quella domanda una serie di riflessioni personali.

Non risposi. Avevo un'esperienza della sofferenza diversa

dalla sua, segnata dalla miseria della mia infanzia e della mia condizione. Non erano esperienze che avevamo condiviso. Però la speranza della quale si era nutrito il mio amore era la stessa che aveva alimentato il suo; e il volo nell'abisso della disperazione altrettanto interminabile e doloroso.

«Tengnagel ed Elizabeth si sposeranno presto. Scorgo nei loro occhi la fiamma dell'amore, un fuoco che li brucia senza risparmio. Sono contenta che mia sorella possa ottenere la felicità che a me è stata negata dalla malvagità di un uomo, però provo anche invidia per lei, per la sorte che le è stata benigna. È un sentimento ignobile, me ne vergogno tanto…»

«Provo lo stesso sentimento, a volte, per chi non ha un corpo storpiato come il mio.»

«Il corpo non conta quando si possiede un'anima bella.»

«Nessuna donna amerà mai un uomo con un corpo deforme» ribattei «e un'anima bella dentro a un corpo deturpato è prigioniera due volte.»

Magdalene distolse lo sguardo, inseguendo pensieri che non volle condividere. Il riflesso delle fiamme brillava nel nero delle sue pupille dilatate. Fuori era scesa la notte. La luce del fuoco illuminava la sua figura e poco altro; gran parte della stanza era al buio. Mi sembrò che il solo universo esistente, il solo reale, fosse quello contenuto entro il cerchio di luce che ci circondava. Solo io e Magdalene eravamo reali, solo io e lei esistevamo; oltre il limite incerto del chiarore delle fiamme si stendeva un vasto nulla, privo di consistenza. Attinsi a tutto il mio coraggio, mi allungai e toccai la punta delle sue dita con le mie. Lei non ritrasse la mano, la lasciò inerte sulla stoffa dell'abito, con il palmo rivolto in alto, come a invitarmi. Allora chinai il capo e gliela baciai. Per un attimo le mie labbra sfiorarono la sua pelle immacolata. Magdalene piegò il capo verso di me, lentamente, quasi stentasse a distogliere gli occhi dai guizzi delle fiamme. Il suo viso era bianco e rosso, scaldato dal calore sfrigolante del fuoco. Mi sorrise, un sorriso appena accennato, identico ai sorrisi di Kirsten. Poi disse, accarezzandomi sulla fronte: «Oh, Jep. Sei tanto caro!». Il tocco della sua mano sulla mia pelle, l'intonazione sognante, venata di malinconia, con cui pronunciò quelle poche parole, scatenarono dentro di me un tumulto di sentimenti che avevo sepolto. La guardai commosso, pieno di una speranza che risorgeva, che aveva bisogno del suo sguardo trasparente per riprendere vita, per ardere nella carne come un fuoco etereo. Quella rinnovata e insensata speranza ebbe però vita breve, perché qualcosa subito la infranse: il volto di Magdalene mi sorrideva, ma nei suoi occhi intravidi una tristezza senza confini, che nessuno al mondo sarebbe stato mai capace di cancellare.

# XXIII

*Esiste soltanto un'anima motrice
al centro di tutte le orbite, cioè il sole,
il quale spinge il pianeta con tanto
maggior vigore quanto più il pianeta
è vicino.*

GIOVANNI KEPLERO Mysterium Cosmographicum

«Chi è questo Keplero?» chiese Tycho deponendo una lettera sul tavolo.

«Un matematico che lavora a Graz» rispose Longomontano «è stato allievo di Mästlin, all'università di Tubinga.»

«Mästlin... Un copernicano, se non ricordo male?»

«E dei più convinti.»

«Quest'idea stramba d'un universo con il sole al centro sta facendo proseliti ovunque; una gramigna che non si riesce a estirpare.»

Longomontano aggiunse: «Keplero inviò in visione un libro scritto da lui, nel quale offriva un'interpretazione geometrica del cosmo. Voleva il vostro giudizio».

Tycho aggrottò la fronte. «Ricordo il libro: *Mysterium Cosmographicum* se non erro.»

«Esatto.»

«Un'opera che sosteneva ci fosse una relazione tra i cinque poliedri regolari e le orbite dei pianeti centrate sul sole; una costruzione mentale dai malcelati echi pitagorici che sottendeva esistesse un'armonia all'interno dell'universo. L'autore faceva un uso della geometria abbastanza discutibile, applicandola all'astronomia senza suffragarla con un

237

numero sufficiente di dati. Mi parve pura speculazione, ma lasciava intravedere anche delle qualità matematiche non comuni… Non trovo la copia della lettera che gli inviai. Ricordi che cosa gli scrissi?»

«La copia della lettera non è tra la corrispondenza di Uraniborg, perché rispondeste durante l'inverno trascorso nel castello di Wandsburg, presso il viceré Rantzau. Lodaste il lavoro di Keplero, lasciando però intendere che la teoria abbisognava di ulteriore verifica attraverso un numero maggiore di misure e con un grado di precisione più elevato di quelle da lui utilizzate. Aggiungeste anche che vi avrebbe fatto piacere incontrarlo e gli parlaste dei molti dati raccolti in trenta e più anni di osservazioni che intendete ordinare e dare alla stampa prima possibile, per permettere a tutti coloro che si interessano di astronomia di averli a disposizione.»

Tycho sospirò. «A quanto pare mi ha preso in parola» disse. «L'arciduca Ferdinando, dopo un pellegrinaggio a Loreto, ha deciso di far piazza pulita dei protestanti che vivono in Stiria. Questo Keplero non è personaggio da abiura, a quanto ho capito, ed è sulla via dell'esilio assieme alla famiglia; una sorte che finora aveva evitato grazie alla moglie cattolica e ai buoni rapporti con i gesuiti. Dopo essersi rivolto inutilmente al suo vecchio maestro, elemosinando un incarico all'università di Tubinga, sta ora dirigendosi qui in cerca di lavoro e protezione. Forse non è un male: anche se le sue idee non sono condivisibili, è un buon matematico, e già ti avevo accennato quanto ci servano matematici validi.»

Longomontano lo guardò scettico. «Credete» insinuò «che sia saggio affidare le osservazioni raccolte in tanti anni a una persona che in fondo conoscete molto poco? Avete già avuto pessime esperienze al riguardo.»

Tycho si accarezzò la barba pensieroso. «Non ne ho la minima intenzione. Però possiamo accoglierlo tra noi, aggregarlo a qualche gruppo di lavoro secondario, vedere come si comporta, capire se possiamo fidarci. Gli farò firmare un impegno a non diffondere all'esterno notizie delle ricerche senza il mio permesso.»

«Accetterà?»

«Gli spiegheremo che si tratta di una situazione temporanea. Daremo vitto e alloggio a lui e alla sua famiglia e, nel frattempo, cercheremo di fargli assegnare uno stipendio dall'imperatore. L'esilio è un'esperienza dura, ne sappiamo qualcosa anche noi.»

«Quando arriverà?»

«A giudicare dalla data in cui è stata scritta la lettera, presto sarà qui. Dopo un viaggio così lungo vorrà certo incontrarmi subito.» Tycho rimase assorto per alcuni momenti. «Però noi gli faremo fare anticamera» aggiunse e, rivolgendosi a me, precisò: «Jep, voglio che lo riceva tu.»


Una carrozza entrò nel cortile. Sentii il rumore degli zoccoli e i richiami del cocchiere che tratteneva i cavalli. Dalla carrozza scese un uomo che chiese qualcosa al primo servo che incontrò. Dopo pochi istanti lo vidi entrare nella stanza dove mi trovavo, accompagnato dal servo al quale si era rivolto.

L'uomo si guardò attorno perplesso, fingendo di non notarmi, e si tolse la pesante cappa invernale. Poi si scosse la neve dagli stivali, battendo energicamente le suole sul pavimento. La neve si sciolse subito, formando due chiazze d'acqua nei pressi della porta. Io continuai a sorseggiare la mia birra. Come lui, finsi di ignorarlo. Era un uomo alto, dalla faccia magra, sulle guance scavate una peluria scura. Nella stanza ardeva un fuoco, sopra al quale era stato posto un paiolo pieno d'acqua. Lui andò a scaldare le mani intirizzite vicino alle fiamme. Dopo qualche minuto, una cuciniera entrò nella stanza e tolse il paiolo dal fuoco. L'uomo si scostò per non intralciarla. Quando la cuciniera se ne fu uscita, parve vincere la sua indecisione e mi rivolse la parola.

«Salve» disse, non nascondendo lo sforzo che esercitava su di sé per interpellarmi «forse mi potete essere utile. Temo di essere vittima di un errore. Ho detto a uno dei servi che avrei voluto incontrare Tycho Brahe e lui mi ha condotto qui.» E con un gesto della mano indicò la stanza, includendo anche me negli oggetti che vi erano contenuti.

«Salve a voi» risposi, dopo aver terminato con la dovuta calma il mio boccale di birra. «Io mi chiamo Jep... Il vostro nome qual è?»

«Mi chiamo Giovanni Keplero, sono un matematico che insegna a Graz.»

«Bene. Allora non c'è nessun errore. È proprio voi che stavo attendendo.»

Keplero sgranò gli occhi e mi squadrò con ripugnanza, il labbro inferiore gli tremava appena. Era un uomo curato nell'aspetto. Il suo viso mobile suggeriva un'inquietudine indomita. Un impeto nei modi che lo rendeva sgradevole.

«Voi?» riuscì solo a sibilare inghiottendo amaro.

«Avete qualche lettera di presentazione?» lo incalzai.

«Sì. Una lettera del barone Hoffmann.»

«Lo conoscete bene?»

«Ho viaggiato dalla Stiria con lui, ed è presso la sua casa che risiedo in questi giorni.»

«Il barone è un intimo amico di Tycho.»

«Ne sono al corrente.»

Il breve scambio di battute sembrò fargli riprendere il controllo delle proprie emozioni. Infilò una mano in tasca e mi presentò una lettera sigillata. Riconobbi il sigillo del barone.

Presi la lettera e la appoggiai sul tavolo, davanti a me, senza aprirla.

«Viaggiate solo?» chiesi ancora.

«Assieme alla mia famiglia, che è rimasta con il barone.»

240

«Sedete pure» gli indicai una sedia con un gesto. Volevo rassicurarlo, rimuovere la diffidenza che stava influenzando il nostro colloquio.

Keplero tentennò, ancora in parte convinto che quello potesse essere uno scherzo di pessimo gusto. Poi si persuase che così non era e prese posto di fronte a me. Ci studiammo per alcuni istanti.

«Voi chi siete?» mi domandò.

«Collaboro con Tycho.»

«Il vostro nome non mi è noto. Ne devo dedurre che anche i vostri lavori sono poco conosciuti?»

Non abboccai alla sua provocazione. Il mio atteggiamento e la mia presenza continuavano a irritarlo. Con dei movimenti istintivi, che stentava a reprimere, tendeva a nascondere le mani nodose sotto il piano del tavolo.

«Credevo avrei incontrato Tycho di persona. Non immaginavo che avrei dovuto far anticamera con…» si interruppe, lasciando la frase sospesa.

«Con?» lo invitai a continuare.

«… con uno come voi» concluse irritato.

Non reagii. E, forse, proprio la mia assenza di reazioni impedì lo scatenarsi della sua collera. Si alzò, andò fino al fuoco e poi ritornò a sedersi.

«Ho fatto un lungo viaggio. Io e la mia famiglia abbiamo bisogno di tranquillità, di sicurezze… Non sono stati mesi agevoli. Anche Tycho ha sperimentato il sofferto cammino dell'esilio.»

Strinse gli occhi e se li strofinò con le dita di una mano.

«Vi sentite male?» gli chiesi.

«Non è nulla. Ho frequenti dolori di testa, accompagnati da febbri che mi indeboliscono, ma ci sono abituato» rispose.

Mi accorsi solo in quel momento dell'eccessivo pallore del suo viso. Avvertii nel profondo la sua disperazione, la sua angoscia, la preoccupazione per i familiari.

«Incontrerete Tycho, ma non ora» dissi per rabbonirlo. «Adesso non può ricevervi.»

«Voi siete il suo segretario?»

Di nuovo non risposi. Usavo il tempo delle pause per studiarlo, per capire le sue intenzioni, i suoi pensieri. M'incuriosivano i suoi frequenti cambi d'umore, i suoi goffi tentativi di celare il fuoco che gli bruciava dentro. «Se troverete un accordo con Tycho» aggiunsi poco dopo «voi e la vostra famiglia potrete venire a vivere qui.»

«Qui al castello?»

Annuii.

«Dovrei parlarne con mia moglie, sentire il suo parere… Barbara non è una donna facile da accontentare, credetemi. È piena di paure e di acredine; passa buona parte della giornata a pregare e il resto a lamentarsi. Mi rinfaccia tutto… Abbiamo sempre avuto una dimora solo per noi. Non so se ci abitueremo a vivere con altri. Il mio lavoro ha bisogno di tranquillità.»

Aspettavo che si acquietasse, ma il pensiero della moglie sembrò agitarlo di più. A un tratto perse l'ultimo grano di pazienza, si alzò di scatto, afferrò la sua cappa, se la gettò sulle spalle: «Sto sprecando il mio tempo. Nella sua lettera d'invito mi aveva lasciato intendere un'amicizia e una stima che, evidentemente, non hanno una corrispondenza reale».

Andò verso la porta e la spalancò di slancio; una folata d'aria fredda entrò nella stanza. Non feci nulla per trattenerlo. Sulla soglia, però, si fermò da solo. Chinò il capo in avanti e si mantenne rigido in quella posizione. Fuori aveva ripreso a nevicare, il muro di cinta del cortile non si distingueva. Keplero rimase sulla soglia, come conteso da opposte tentazioni. Sentivo i suoi pensieri mescolarsi come onde di un mare in tempesta.

«Io… Io…» sussurrò «ho ascoltato la musica dell'universo… Io… non può trattarmi in questo modo…»

*

*Sua madre cammina veloce e lui stenta a starle dietro. Ogni poco lei si ferma ad attenderlo. «Sbrìgati, Johannes» gli dice, e lui arranca con affanno lungo la salita. Non gli piace camminare in fretta: il vaiolo, che l'ha colpito quando era molto piccolo, gli ha procurato danni alla vista. Da vicino vede in modo indistinto, a volte doppio. Se cammina svelto, non distingue dove appoggia il piede e rischia di cadere a ogni passo.*

*«Sbrìgati, Johannes» dice la madre, che riprende a camminare non appena lui la raggiunge. L'ascesa della collina è una continua rincorsa. Sua madre non ha pazienza e non vuole sentire giustificazioni.*

*A un certo punto Johannes inciampa e cade. D'istinto chiude gli occhi e mette le mani avanti. Non scorge il terreno sul quale è caduto, ma ne sente l'odore, mescolato a quello dell'erba, e l'umido contatto contro la guancia gli provoca un fremito. Sua madre ritorna sui propri passi e lo rimette in piedi. «Guarda dove cammini, stupido.»*

*La notte è chiara. Si scorge in basso la piccola Weil-der-Stadt, con la cattedrale che si erge dal groviglio dei tetti e le facciate scure delle case dove uomini e animali riposano vicini. Nel silenzio si odono i rumori del torrente che si spandono per i pendii boscosi della valle.*

*Riprendono la salita. Dopo un centinaio di passi sbucano in una radura tra gli alberi, il sentiero si addolcisce e prosegue quasi in piano verso la sommità dell'altura. In cima si fermano; Johannes ha il fiato grosso, nell'ultimo tratto non è più rimasto indietro.*

*«Questa è una notte di magia e sortilegio» dice sua madre, che gli afferra il mento e lo costringe a guardare il cielo.*

*Fino a quel momento Johannes ha camminato con lo sguardo in basso, trascurando ciò che è sopra la sua testa. Nell'istante in cui sua madre lo obbliga a sollevare il capo, strizza gli occhi per vedere meglio. In mezzo alla confusione delle stelle, al centro della volta celeste, c'è una cometa, più brillante degli altri lumi, con una coda lunghissima, rossa come il fuoco. Johannes la guarda e subito si sente invadere da un terrore che non riesce a spiegarsi, che nulla ha di razionale. Respira in fretta, per placare i propri timori e, in mezzo ai respiri, ode un suono. Le sfere celesti nel loro pigro debordare producono un'armonia che gli riempie la mente, una musica che solo lui percepisce, che la madre pare ignorare. Paura e stupore si accavallano a formare un'unica emozione che non può essere scomposta. Il placido silenzio della notte sembra scostarsi per mostrare una perfezione che travalica la condizione umana. La natura gli rivela in brevi istanti un volto bellissimo e crudele che lui, bambino dalla salute cagionevole, non ha mai conosciuto. Johannes, di fronte a tale insostenibile visione, chiude gli occhi, e subito tutto s'acquieta. La paura svanisce e lascia il posto a una calma di luoghi distanti, una calma di vento tra rami di alberi immoti.*

Si voltò. La sua figura, avvolta nel mantello, si stagliava nel vano della porta. Mi parve imponente. Disse: «Voglio parlare con Tycho, non con un nano». Di proposito non fece nulla per celare il suo disprezzo. Accompagnò le sue parole a un gesto arrogante, puntandomi addosso un dito delle sue mani nocchiute.

Mantenni la calma, guardai il dito e poi il suo volto ansimante. «Se ha mandato me, Tycho aveva le sue ragioni» obiettai. Camminavo sul ciglio di qualcosa di scuro e profondo. Era come se un alito, risalente da un impenetrabile precipizio, mi colpisse il viso.

«Mi auguro per lui che siano ragioni valide.»

«È una minaccia?»

Lo dissi con un ghigno di derisione sul volto. Non rispose. Chiuse invece la porta e rientrò. Pareva aver accusato il colpo, nel breve volgere di pochi istanti aveva cambiato umore un'altra volta. La cappa gli scivolò dalle spalle e lui non fece nulla per impedirlo. «Non sono nella condizione» borbottò all'improvviso mite «di minacciare nessuno.»

Lo disse con rassegnazione, abbandonandosi su uno sgabello. Il suo corpo, che fino a pochi istanti prima m'era sembrato imponente, si accasciò come un fagotto. Mi fece pena e rabbia, c'era qualcosa in lui, qualcosa che veniva da un punto molto distante nel tempo, che lo mangiava da dentro.

Spostai il boccale vuoto e dissi: «Anch'io ho visto quella cometa».

«Come l'ho vista io?» Non mi parve stupirsi della mia osservazione all'apparenza incongrua, come se fosse ovvio ciò a cui mi riferivo.

«No, non nella vostra stessa maniera.»

«E allora non potrete mai capire.»


Dall'esterno giungeva il rumore delle martellate di alcuni operai che stavano inchiodando delle assi sotto la finestra della nostra stanza.

«Ha parlato con Tycho?»

Annuii. Longomontano era intento a copiare e a correggere i valori di alcune osservazioni, confrontando una serie di calcoli suoi con una tabella sulla rifrazione compilata alcuni anni prima da Tycho.

«Hanno discusso per più d'un'ora» aggiunsi.

«Si fermerà?»

«Keplero ha assoluto bisogno dei dati in possesso di Tycho; le misure di Marte, in particolare, sono quelle che gli interessano di più. Avete raccolto osservazioni di dieci opposizioni, non c'è nessuno al mondo che abbia misure tanto precise. E Tycho, parimenti, ha bisogno di lui, per confermare la correttezza del suo sistema. Sono uomini d'indole opposta sotto certi aspetti, e identica sotto altri; stenteranno ad andare d'accordo, ma hanno bisogno uno dell'altro. In condizioni differenti non credo che potrebbero collaborare.»

«Ma è un copernicano. Tycho non può affidarsi a qualcuno che non crede al suo lavoro!»

Distolsi lo sguardo e osservai il cielo grigio fuori dalla finestra; aveva cessato di nevicare da poco.

«So che avresti voluto che Tycho affidasse il compito a te, ho visto i fogli con i tuoi calcoli.»

«No» rispose amaramente Longomontano «Tycho ha ragione. Conosce i miei limiti in matematica.»

Intuii quanto gli era costato ammetterlo. Aveva terminato di trascrivere i valori e si era soffermato a osservare il cielo che si stava scurendo. Anche gli operai, nel cortile, avevano smesso di martellare.

«Tycho ha percepito che Keplero è l'uomo giusto» dissi.

«Giusto per che cosa?»

«Per dare all'astronomia l'ordine che le manca. In questi anni Tycho ha predisposto il materiale, ma adesso è necessario un architetto che pensi e porti a termine l'edificio. L'astronomia ha bisogno di essere rifondata, di avere una nuova casa.»

«E si affida a un copernicano?»

«Tycho ha colto più in là della superficie» dissi. «Si affida a chi ha le capacità per portare a termine il compito. In fondo spera che, Keplero, cercando di dimostrare le proprie teorie, arrivi a dimostrare la correttezza del sistema tychonico.»

Longomontano corrugò la fronte. «Hai ragione» disse «però ti conosco abbastanza per capire che c'è dell'altro che ti lascia perplesso, che non ti persuade.»

«Sì» ammisi.

«Che cosa?»

«Keplero è come perennemente inseguito da uno stuolo di fantasmi, che lo circonda, lo strattona, lo tormenta; fantasmi che si porta dietro dall'infanzia. Un'ombra di follia lo segna e lo rende sfuggente, imprevedibile, facile agli sbalzi d'umore. Parlando con lui, in alcuni istanti ho avuto timore, ma non saprei spiegarti di che. Qualcosa, nel suo modo di fare, mi richiama con insistenza la morte.»

«Ne hai parlato con Tycho?»

«Certo» risposi.

«E lui?»

«Ha risposto che un'oncia di pazzia deve essere presente in ogni uomo che voglia ambire a demolire credenze mille-narie.»

# XXIV

*Proprio l'esatta nozione dei moti di Marte era essenziale per giungere alla conoscenza degli arcani dell'astronomia, i quali, altrimenti, ci sarebbero rimasti nascosti per sempre.*

GIOVANNI KEPLERO Astronomia nova

La carrozza procedeva velocemente lungo la strada dissestata, per ampi tratti fangosa e costellata di pozze d'acqua lurida; gli imprevedibili scarti della vettura ci sballottavano senza pietà. Dopo l'ennesimo sobbalzo, Tyge borbottò: «Potremmo anche procedere più piano».

«Le strade sono in pessime condizioni e, se vogliamo andare e tornare in giornata, dobbiamo affrettarci. Avremmo dovuto partire prima dell'alba» rispose sbrigativo Tengnagel.

Era in un certo senso colpa mia se avevamo ritardato la partenza, perché Tycho aveva voluto che completassi alcune misure poco prima del sorgere del sole.

Tyge fece una smorfia indecifrabile e volse la testa verso il finestrino, dedicandosi al paesaggio. Erano le prime parole che aveva pronunciato da quasi un'ora. I suoi lineamenti mostravano la severa avvedutezza dei Brahe, ma qua e là, sotto pelle, s'era insinuata la dolcezza d'animo di Kirsten. L'insieme che ne scaturiva era equilibrato, come sotteso tra le anime contrapposte dei due genitori.

Attraversavamo villaggi di campagna quasi disabitati e ombrose foreste che stavano schiudendosi nel rigoglio primaverile. Se avessimo rallentato, avremmo potuto distinguere i canti degli uccelli e i mille suoni della natura al risveglio. La carrozza invece procedeva spedita. Mi mancava l'abitudine a quella velocità, il mondo sfilava rapido senza che riuscissi a fermarlo.

Fin dal principio Tyge e Tengnagel si erano sistemati sul sedile di fronte al mio e non mi avevano mai rivolto la parola. C'era in quel silenzio la loro muta disapprovazione: da sempre mi consideravano un vezzo che Tycho si era concesso senza ragione. Niente di più. Nonostante Tycho continuasse a coinvolgermi nelle osservazioni, sentivo la mia posizione farsi più precaria di settimana in settimana e ricordavo con rimpianto la Danimarca e l'isola nello stretto. Presto Tengnagel avrebbe sposato Elizabeth e il suo giudizio avrebbe avuto un peso maggiore all'interno della *familia*. Equilibri da lungo assestati avrebbero subito mutamenti.

A metà del viaggio sostammo per far riposare i cavalli. Tyge e Tengnagel entrarono a ristorarsi in una locanda. Li aspettai fuori, assieme al cocchiere; un uomo di scarne parole, anziano, che dimostrava nei confronti delle grettezze e delle lusinghe del mondo il distacco di chi non ha più voglia di sprecar tempo. Gli raccontai di Uraniborg senza riuscire a impressionarlo, anche se di certo gli doveva apparire strano che un uomo potesse dedicare l'intera sua esistenza a studiare le stelle. Mi ascoltò senza mostrare reazioni evidenti, se non quando sollevò gli occhi al cielo le poche volte che lo indicai, come nel tentativo di scrutare gli astri di cui con tanto fervore gli raccontavo senza poterglieli mostrare.

L'uomo, dopo il mio discorso, prese qualcosa da una sacca e me la porse. «Tu mi hai parlato delle stelle» mi disse «ma sono discorsi che non comprendo. Io ho esperienza della terra e questo è qualcosa che sono sicuro non conosci.»

Guardai quello che mi porgeva: mi parve un frutto che non avevo mai visto, con la buccia liscia, color marrone e sporca di terra. Me la tagliò in due pezzi, dentro era bianca. Ne annusai uno, ma non sentii nessun odore particolare.

«Non si mangia così» aggiunse. «È buona bollita o nella zuppa. Viene dal Nuovo Mondo e molti contadini stanno imparando a coltivarla.»

Raggiungemmo la villa del barone Hoffmann con il sole ancora alto. Intravidi la figura di Keplero, dietro una finestra al primo piano, che sorvegliava il nostro ingresso. Era in attesa della nostra visita.

Uno dei servi del barone ci diede il benvenuto e ci fece sedere in una stanza del pianterreno. Dopo pochi minuti comparve Keplero, in compagnia del barone. «Sono lieto che siate venuti presto» disse quest'ultimo.

Tyge e Tengnagel chinarono il capo in segno di ossequio.

Keplero sbottò: «Perché Tycho non è con voi?».

«Perché l'imperatore l'ha richiamato in questi giorni a Praga per alcuni consulti astrologici» rispose subito Tyge.

«Dovrebbe smetterla di perdere tempo con l'astrologia e preoccuparsi di pubblicare le misure che tutta Europa sta ormai attendendo da troppi anni» disse Keplero tra i denti.

Il barone intervenne a evitare che gli animi si scaldassero fin dall'inizio: «Non mi sembra certo questo l'atteggiamento adatto a porre rimedio a una situazione che non conviene a nessuno.»

Keplero camminò fino a una finestra, osservò per qualche momento il giardino e poi tornò tra noi. Sembrò essersi calmato.

«Tycho ci ha autorizzati a negoziare per lui» spiegò conciliante Tengnagel.

Keplero annuì. Il barone Hoffmann aggiunse: «Io e Johannes abbiamo già discusso a lungo, Tycho mi ha inviato una lettera che definirei più che benevola. Mi pare che, con un po' di buona volontà, ci potrebbero essere le condizioni per ricucire lo strappo».

«Vorrei sottolineare» intervenne Tyge «che mio padre sta dimostrando in questo frangente una pazienza e una disponibilità che non userebbe con altri. Già questo mi pare una prova della stima che nutre nei vostri confronti.»

«Se questa stima è reale» rispose Keplero «me lo dimostri con i fatti e non con le parole. La smetta di assegnarmi compiti marginali e di impedirmi di avere libero acceso alle misure di Marte. Conserva con tale gelosia il proprio tesoro che il mondo parrebbe abitato solo da loschi individui che hanno l'unico fine di sottrarglielo.»

«Tycho vi ha spiegato che il suo comportamento è dettato da ragioni di prudenza.»

«Ho capito, ma mi pare che a questo punto la prudenza nei miei confronti sia eccessiva. Ciò che lui definisce prudenza, assomiglia alla diffidenza o, peggio, alla malevolenza. Continua a trattarmi come un praticante, ad affidarmi lavori umilianti che mi annoiano e mi irritano, sottraendo tempo prezioso alle mie ricerche. Oppure debbo pensare che mi sta facendo pagare il mio inconsapevole appoggio a Nicolaus Reimarus di tanto tempo fa?»

«Mio padre non è uomo da serbare rancori tanto a lungo senza che ce ne sia una ragione. Riguardo a quella lettera, sapete che non le ha mai attribuito eccessiva importanza, reputando che voi l'aveste scritta senza conoscere ciò che era accaduto e che Reimarus l'avesse usata, strumentalmente, a proprio vantaggio.»

Il barone Hoffmann disse: «Tycho conosce il vostro valore, abbiate fiducia in lui, non agite in maniera inconsulta. I presenti sono latori della sua magnanimità, egli ha già dimenticato il vostro accesso di collera».

Keplero stringeva forte il bracciolo dello scranno sul

quale era seduto. Per lo sforzo, le punte delle dita gli erano diventate bianche.

«Non voglio lavorare nelle condizioni di questi mesi a Benatky. Io sono abituato a stare per conto mio, ho bisogno di pensare, di dedicare energie alle mie ricerche. Non voglio svolgere compiti dequalificanti, non voglio che il chiasso degli operai al lavoro disturbi le mie riflessioni e non voglio essere obbligato a partecipare alle cene comuni. Io e mia moglie non stiamo seduti a tavola tanto a lungo e prendiamo il cibo in condizioni di silenzio e modestia che Tycho non pratica. Tutto quell'inutile chiacchiericcio è tempo perso.»

«Tycho non vi ha mai imposto nulla del genere» si difese Tengnagel. «La cena comune è una consuetudine della *familia* alla quale, riteneva, fosse doveroso farvi partecipare.»

«Una consuetudine a cui non desidero adeguarmi».

«Se la difficoltà è solo questa...» Tengnagel allargò le braccia in un gesto che voleva significare che non c'erano ostacoli che impedissero di accontentarlo.

Keplero si rialzò, si mosse inquieto per la stanza e poi tornò al suo posto. Era come se cercasse un equilibrio, che era a portata di mano e gli sfuggiva di continuo. «Mi dispiace averlo offeso; il disordine e i rumori per i lavori di sistemazione del castello, uniti alla confusione che sempre vi alberga, hanno avuto una pessima influenza sulla mia bile e sul mio temperamento collerico» dichiarò.

«Tycho ha compreso che sono cose che avete detto in un momento d'ira, ma che non le pensate davvero.»

Keplero concordò con le parole di Tengnagel buttando fuori una specie di grugnito. Sembrò anche rasserenarsi, come se avesse allontanato di colpo uno stuolo di pensieri che lo aveva perseguitato durante la notte. Infilò una mano in una tasca della giacca e presentò un foglio. «Ho preparato una lista di condizioni che voglio siano rispettate in caso di mio ritorno.»

Tyge prese il foglio, lo aprì e lo lesse assieme a Tengnagel.

«Sono condizioni che possiamo accettare» commentò Tengnagel. «Se volete vivere per conto vostro, la cosa non ci riguarda, se non nei termini dell'alloggio e delle altre necessità concrete. Per quanto concerne lo stipendio imperiale, invece, sapete che non dipende da noi. Tycho si è riservato di riparlarne all'imperatore nel suo prossimo incontro. Da parte vostra, piuttosto, dovete impegnarvi a redigere un'apologia del lavoro di Tycho contro le calunnie sparse in ogni angolo d'Europa da Nicolaus Reimarus.»

«Una volta di più tengo a ribadire» aggiunse Tyge, mentre Keplero valutava la controproposta di Tengnagel «che mio padre è disposto ad accontentarvi perché ha in grande considerazione le vostre capacità.»

«E questo anch'io ve lo posso confermare quante volte volete» intervenne opportunamente il barone. «Le mie orecchie hanno udito solo parole di elogio uscire dalla bocca di Tycho ogni volta che si è riferito a voi e al vostro lavoro.»

Keplero a quelle affermazioni sbiancò e si coprì il viso con le mani, vittima di un altro dei suo repentini sbalzi d'umore. Forse si attendeva una maggior opposizione alle sue richieste, forse non c'era ostilità dove lui immaginava ci fosse, forse il suo incrollabile senso d'insicurezza ebbe il sopravvento. «Come posso essere stato tanto sciocco e tanto cieco!» esclamò, accasciandosi disperato sullo scranno. Tolse le mani dal volto, vidi che si era morso un labbro fino a farlo quasi sanguinare. Il suo sguardo miope si soffermò su di me e subito fuggì via, all'inseguimento di qualche brandello di senno.

«Adesso non commiseratevi» disse il barone Hoffmann «il sincero pentimento che state dimostrando e la disponibilità di Tycho rendono l'accaduto rimediabile.»

Keplero aveva gli occhi lucidi, ma riuscì a vincere le lacrime. Si alzò dallo scranno, si accomodò i vestiti e assunse un'espressione dignitosa.

Pure Tyge e Tengnagel si alzarono e gli strinsero la mano. Poi in gruppo ci dirigemmo verso l'uscita. Mentre ci allontanavamo dalla sala, udii il barone Hoffmann, qualche passo davanti a me, riferire a Tyge che in quei giorni Keplero aveva sofferto di forti attacchi di febbre che l'avevano debilitato nel corpo e nello spirito.

Mi avventurai nel giardino. In un angolo c'erano delle aiuole ben curate e piccoli viali di ghiaia bianca che mi ricordarono Uraniborg. Raggiunsi una balaustra di pietra e scorsi in un prato alcuni bambini che giocavano a rincorrersi. A poca distanza da loro, accanto a una grande quercia, sedeva una donna paffuta, abbastanza giovane e non molto attraente.

«Avete avuto l'incarico di spiare la mia famiglia?» Keplero si era avvicinato alle mie spalle, senza che me ne accorgessi.

«No, l'ho incontrata mentre passeggiavo per il giardino.»

Anche lui si appoggiò alla balaustra di pietra. Osservai dal basso in alto il viso magro che portava i segni delle febbri di cui non riusciva a disfarsi. Una bimba, dal prato, lo vide e lo chiamò. Keplero rispose al saluto con una certa allegria. La donna non volse nemmeno la testa.

«Tutti figli vostri?»

«Ce ne sono anche dei precedenti matrimoni di mia moglie.»

«È già stata sposata, quindi»

«Due volte.»

Dove il prato terminava, c'era un filare di alberi in fiore e, poco oltre, un fosso, attraversato da un ponticello di legno, senza parapetti.

«Mia moglie» osservò Keplero «non si è adattata molto bene alla Boemia. Rimpiange casa. Suo padre è morto da poco, non appena abbiamo lasciato Graz, e lei lo ricorda spesso piangendo.»

«Non le è piaciuto Benatky?»

«Non ha legato con nessuno. La maggior parte delle donne si esprime in una lingua che non capisce e che non ha voluto imparare. È cresciuta in una piccola città, ha i suoi usi, i suoi costumi.»

«Il tempo è stato poco.»

«Mi creda, il tempo non c'entra. A giudizio di mia moglie, la vita è una rassegna di disgrazie, tra le quali annovera anche il matrimonio con me, che si sforza di esorcizzare abbandonandosi a una preghiera sterile che la isola dal mondo. I suoi rosari non la proteggono che da se stessa… E in fondo è meglio così: è una donna petulante che urta il mio animo e aumenta la mia collera. Non capisce il mio lavoro e lo disprezza, e di conseguenza disprezza anche la mia persona, senza perdere una sola opportunità per farmelo notare.»

Mi stupii di quelle confidenze. Mi sembrò però che non aspirasse a ottenere la mia benevolenza con l'elenco delle sue sventure familiari per arrivare a impietosire Tycho.

«Perché voi siete copernicano?» chiesi cambiando improvvisamente argomento. Era da tanto che volevo affrontare con lui quella questione.

«Che intendete?» mi chiese.

«Perché siete convinto che il sole sia posto al centro dell'universo?»

Rispondendo, seguì con lo sguardo le corse dei bambini.

«Ci sono molte ragioni, fisiche e metafisiche. Il sole è il simbolo di Dio Padre, dispensa luce e calore all'universo e genera l'*impetus* che muove i pianeti: non può che essere collocato al centro di tutto il creato. Non si accende una lucerna per celarla sotto il moggio, ma per posarla in un luogo dove tutti possano scorgere il suo chiarore. Non c'è altro luogo dove il sole possa essere collocato se non al centro di tutto. Inoltre, un universo eliocentrico è più soddisfacente dal punto di vista geometrico, più semplice da spiegare e da giustificare. La mente di Dio è geometrica e non avrebbe potuto concepire che un universo con il sole al centro.»

«Non vi pare eccessivo? Cosa si può affermare della mente di Dio?»

Keplero sembrò ignorare la mia obiezione e, a sua volta, mi domandò: «Elencatemi voi le ragioni, invece, per le quali non dovrei essere copernicano».

«Perché tra le tesi a favore dell'eliocentrismo non avete citato il lavoro di Copernico.»

«Il lavoro di Copernico è imperfetto, ma nella sua imperfezione contiene il germoglio della verità. Se Copernico avesse potuto utilizzare le osservazioni di Tycho, i suoi calcoli sarebbero stati più precisi.»

«Sarete voi a usare con profitto le osservazioni di Tycho?»

«Lo spero.»

Non glielo dissi, ma sapevo che sarebbe stato così. Osservai a lungo un punto della balaustra dove una crepa si stendeva per tutta la sua larghezza.

«Voi non credete a un universo eliocentrico solo perché non ci crede Tycho» insinuò Keplero.

«È così» confermai a malincuore.

«E vi sembra una ragione migliore delle mie?»

Non lo era, ma me lo tenni per me. Tycho era ai miei occhi qualcosa di simile al Dio geometra del cosmo che ossessionava la sua mente, non lo avrei contraddetto mai. Avevo imparato ad accettare che la vita degli uomini fosse segnata a volte da convinzioni apparentemente assurde. Ma c'era dell'altro, che non riuscivo a esprimere con la necessaria chiarezza nemmeno a me stesso: l'universo di Tycho, pur diverso da quello di Aristotele e Tolomeo, era ancora costruito attorno all'uomo, lo circondava e lo proteggeva, era un luogo rassicurante, un nido tiepido e accogliente. L'universo di Copernico, invece, nella sua algida e indefinibile estensione, mi spaventava.

Sentii in quel momento la voce di Tyge che mi cercava. La carrozza era pronta a ripartire. Era la prima volta dall'inizio del viaggio che mi rivolgeva la parola. Non risposi. Tyge continuò a chiamarmi.

«Credo che i vostri compagni stiano per partire» osservò Keplero di fronte al mio silenzio.

Lo guardai. I suoi occhi avevano una strana sfumatura ocra.

«Sì» gli risposi «è ora che vada.»

# XXV

La geometria infatti è coeterna a Dio,
e risplendendo nella mente divina fornì a Dio
i paradigmi per ordinare il Mondo affinché
fosse ottimo e bellissimo.

GIOVANNI KEPLERO Harmonice mundi

Non appena la notizia giunse a Benatky, io e Longomontano ci mettemmo in strada. Eravamo sconvolti e increduli. Dalla terra rivoltata della piana intorno alla collina del castello si levava una nebbia fitta e cupa, che languiva però bassa, non più alta del ventre di un uomo. Filacci vaporosi risalivano gli argini intorno ai campi, si allungavano verso la strada e si frammentavano al passaggio delle ruote della carrozza. Il sole spento di un'alba livida rischiarava con una luce stanca quei fiati, che provenivano dalle zolle come esalazioni di un mare solido, ma non perforava il miasma e non riscaldava la terra fradicia e scura. Sopra i rami nudi di una serie di alberi, allineati lungo la riva del fiume, stavano appollaiate alcune famiglie di corvi.

Guardavo il paesaggio senza vederlo. Tutto mi scorreva davanti agli occhi e non trattenevo niente, non mi soffermavo su nulla. I miei pensieri erano persi dentro all'estate appena trascorsa, dentro ai mesi ardenti che avevano segnato una volta di più la storia della *familia*: il viaggio a Graz di Keplero per risolvere alcune questioni legate all'eredità della moglie, il matrimonio tra Elizabeth e Tengnagel, i soggiorni sempre più lunghi e frequenti di Tycho a Praga, perché l'im-

263

peratore desiderava averlo a propria disposizione, vicino a corte. Ogni volta che il lavoro sembrava poter riprendere come un tempo, c'era sempre un intralcio, qualcosa che lo rallentava, che ne impediva il regolare sviluppo. Non eravamo più stati capaci di lavorare con l'intensità e il profitto che eravamo riusciti a ottenere sull'isola.

Entrammo a Praga a giorno fatto e la trovammo immersa nella confusione di sempre. Attraversammo il ponte di pietra sulla Moldava. L'acqua del fiume, gonfio di pioggia autunnale, lambiva la parte superiore delle arcate; nella sua corsa trascinava i detriti di una città perennemente invasa dai propri rifiuti. Percorremmo i vicoli tetri chiedendo strada a una folla formata da contadini, questuanti, predicatori, soldataglia, serve, massaie, venditori, che ci rallentava in continuazione. La collina con la fortezza di Hradčany incombeva sopra di noi come una creatura dal profilo aguzzo che si nutrisse di ombre e di luce.

Ci affacciammo alla porta della stanza. La luce che filtrava da una finestra chiusa era attenuata da un telo chiaro che qualcuno aveva steso sopra il vetro. Ne risultava un'atmosfera quasi irreale, dove le persone si muovevano adagio, bisbigliandosi nell'orecchio frasi brevi. In un angolo, su una sedia che qualcuno aveva portato da un'altra stanza, stava seduta una Magdalene sconsolata. Kirsten era invece ai piedi del letto, ad assistere il dottore che stava visitando Tycho. Mentre attendevamo che il dottore terminasse la sua visita, Longomontano si trattenne nel corridoio a discorrere con Tyge e Jørgen. Io avanzai di un passo e poi mi fermai, incapace di procedere oltre. Non ero, di fatto, entrato nella stanza, ma nemmeno ne ero fuori; indugiavo su un limite indefinito, incapace di decidermi, non sapendo quanto la mia familiarità con Tycho mi autorizzasse a prendermi libertà e confidenza che altri, forse, non avrebbero gradito. Magdalene stava pregando; avrei voluto avvicinarla, ma le voci sommesse di Tyge e di Jørgen che provenivano dal corridoio mi dissuasero.

Alla mia sinistra notai una bacinella colma d'acqua, dove qualcuno, poco prima, s'era lavato le mani, e un telo bianco gettato su uno sgabello. Nella stanza c'era anche un armadio con l'unica anta semiaperta. Dentro intravidi i vestiti di Tycho. Era la prima volta che vedevo un suo vestito senza che lui lo indossasse e mi parve, per un rapido istante, di aver in qualche misura violato la sua intimità, di aver profanato una parte della sua persona alla quale non mi ero mai potuto accostare prima. Era come se stessi dissacrando qualcosa di privato; anche se coglievo l'incongruità di quella percezione, la sgradevole sensazione che ne ricavai mi rimase addosso. Mi irrigidii nell'atto di fissare i vestiti – la manica di una camicia, un pezzo di pantalone – fino a quando non sentii una mano di qualcuno sulla mia spalla. Allora sollevai la testa e incrociai lo sguardo di Kirsten. Il suo volto, invecchiato rispetto all'ultima volta nella quale ci eravamo incontrati, nella confusione momentanea della mia mente si sovrappose al volto di Magdalene, che continuava a salmodiare lì accanto. Kirsten si chinò, avvicinò le labbra al mio orecchio destro e mi sussurrò di avvicinarmi al letto, di chiamare Tycho per nome, di dargli un ultimo saluto. La dolcezza della sua voce e delle sue parole si mischiò al tepore del suo fiato ed ebbe il potere di scuotermi. Notai il dottore che si allontanava dal letto e percepii Kirsten che si risollevava. Il dottore le passò accanto senza fermarsi e lei lo seguì nel corridoio.

Restai solo nella stanza, con Tycho e Magdalene, ma lei non sembrava fare caso alla mia presenza. Avanzai allora piano verso il letto. A ogni passo distinguevo la forma del corpo di Tycho acquistare consistenza e volume sotto le coperte. Mi sembrò più magro, affilato dai panni e dalla luce morbida che pareva attutire anche i suoni. Arrivai all'altezza del cuscino. Tycho giaceva con le mani abbandonate sulle coltri e gli occhi chiusi, affossati dentro le orbite e fissi sulle travi della stanza. Era quasi irriconoscibile: le labbra spaccate dalla febbre, le guance scavate, gli zigomi sporgenti, la pelle bianchissima, tesa sulle ossa del teschio che sembrava affiorare dal centro del volto, la barba diradata e scolorita, la fronte imperlata di umori minuti. Lo chiamai, ma non ottenni risposta. Allora avanzai di un altro passo e sollevai la mia mano fino a toccare la sua. Il dorso della sua mano era cosparso di vene dilatate, la sua pelle era fredda e umidiccia. Ripensai al sogno che avevo fatto da bambino, nel quale mio padre moriva ucciso dai cavalieri turchi.

*Il barone di Rosenberg siede a capotavola e indossa una catena d'oro che luccica sul velluto scuro delle vesti. Anche Tycho indossa la catena dell'Ordine dell'Elefante e parla del suo lavoro a chi gliene chiede. Racconta di Uraniborg e dei suoi strumenti, dei misteri che ancora si celano nei cieli; a tutti promette copie dei suoi libri. L'imperatore gli ha da poco conferito l'incarico di redigere nuove tavole per determinare la posizione dei corpi celesti che saranno migliori di tutte quelle che le hanno precedute e che si chiameranno, in suo onore, tavole rudolfine. L'imperatore sogna l'immortalità di Alfonso il Savio.*

*La cena è quasi alla fine, le conversazioni si vanno spegnendo. Il barone di Rosenberg però non accenna ad alzarsi. Tycho avrebbe bisogno di andare in bagno, ma si trattiene: non è bene che un ospite si alzi prima del padrone di casa. Un vago malessere lo infastidisce dall'inizio della cena, una sensazione di generale ottundimento accompagnata a un dolore costante nel basso ventre. Un dolore sopportabile ma che non accenna a diminuire.*

*All'improvviso, si ricorda di quand'era ragazzo, a Lipsia, e di notte si alzava per studiare il cielo dalla finestra della stanza, attento a non svegliare il suo tutore, che aveva ricevuto* ordine dalla famiglia di impedirgli gli studi di astronomia, inadeguati a uno della sua condizione. Si serviva, per le posizioni degli astri, di un piccolo globo celeste, non più grande di un pugno, che di giorno nascondeva sotto le vesti per evitare che glielo sottraessero. Era stato durante quelle notti, nella predizione di una congiunzione tra Giove e Saturno, che si era accorto di quanto fossero inaffidabili le tavole alfonsine e le tavole pruteniche. L'astronomia aveva bisogno di una precisione che nessuno fino a quel momento si era preoccupato di procurarle.

Tycho socchiude gli occhi, come per distaccarsi dalle persone che gli stanno intorno. Le loro chiacchiere gli danno fastidio, gli appaiono vuote e prive di senso. Un rimestare d'aria masticata che lo nausea. Quanto tempo è trascorso da quelle notti della sua fanciullezza? Tycho si volge indietro e ha l'impressione di sporgersi su un abisso che gli toglie il fiato. Gli anni alle sue spalle hanno scavato un fossato che niente potrà colmare; i giorni si stendono in una processione che scompare dietro l'orizzonte. Quanto è diverso l'uomo che siede a tavola da esiliato, carico di gloria e di fama, intimo di re e imperatori, dal ragazzetto che spiava le stelle di nascosto, temendo una punizione?

Finalmente il barone si alza da tavola e anche Tycho, assieme al resto degli invitati, è libero di allontanarsi. Si congeda alla prima occasione e ritorna verso casa in fretta; la città è buia e deserta, ma il tragitto è breve. Trova Kirsten già pronta per la notte, che lo sta attendendo, e si prepara anche lui.

«Sei bianco in volto. Che cosa ti succede?»

«Non riesco a urinare. Ne ho espulse poche gocce con dolore, anche se lo stimolo continua a tormentarmi.»

«Saranno le cose che hai mangiato» dice Kirsten «non sei più giovane come un tempo, lo sai che a cena non devi esagerare.»

Tycho si infila nel letto. Kirsten gli va vicino e lo tocca sulla fronte. «Hai un po' di febbre» dice «ma vedrai che domattina ti sentirai meglio.»

*Tycho annuisce e fa una smorfia: il dolore nel basso ventre sta divenendo più forte. Kirsten spegne le candele e si stende nel letto accanto a lui. Tycho percepisce la vicinanza del suo corpo, la calda fragranza della sua camicia da notte. Nel buio si odono gli scricchiolii delle travi del tetto e i deboli fischi dei loro respiri alternati che si sommano senza cancellarsi. Passano alcuni minuti. Tycho non riesce ad addormentarsi, un po' per il dolore, un po' per gli strani pensieri che gli sono venuti a cena.*

*«Kirsten» chiama. Ma lei non gli risponde. «Kirsten» ripete.*

*«Sì» la voce della moglie è velata, sembra giungere da molto distante.*

*«Posso farti una domanda?»*

*«Certo.»*

*«Ti pare che abbia vissuto invano?»*


Nella stanza entrò anche Keplero, che evitò Magdalene e si trattenne alle mie spalle.

«Non risponde a nessuno da più di due giorni» gli disse il dottore che era rientrato con lui.

Io mi allontanai dal letto e mi avvicinai a Magdalene, ma lei continuò a ignorarmi. Allora uscii. Nel corridoio incontrai Kirsten e Longomontano. «È stato tutto così imprevedibile» stava dicendo Kirsten «al mattino l'ho chiamato ma lui non si è svegliato.»

Nel corridoio c'era una finestra dai vetri gialli, illuminati dal sole pomeridiano. Losanghe paglierine si disegnavano su una parete chiara. Sopra a un baule qualcuno aveva appoggiato un mantello. Ripensai alla morte di mia madre, al suo lento estinguersi in un ripostiglio, tra oggetti in disuso.

«Occorre avvisare Elizabeth e Tengnagel» disse Longomontano.

«Ho già provveduto a inviare una lettera. Non so se riusciranno a tornare in tempo. Ho mandato una lettera anche a Sophie ed Erik.»

Il dottore uscì dalla camera e raccolse il mantello che aveva abbandonato sul baule. «Tornerò stasera per un altro controllo. Ogni tanto provate a chiamarlo» disse.

«Vi accompagno» rispose Kirsten.

Longomontano si allontanò con loro. Io mi affacciai di nuovo alla camera. Keplero versò dell'acqua da una brocca che stava su un basso tavolino, accanto al letto, poi si chinò con il bicchiere verso Tycho e tentò con pazienza di farlo bere.

La casa era piccola e per la notte ci alloggiarono in una stanza confinante con la stalle. Gettammo le nostre cose su della paglia e ci coricammo con il primo buio, dopo aver condiviso lo scarso cibo che avevamo recuperato in cucina. Nel silenzio della notte udivo il rumore degli animali che si agitavano nei loro ricoveri, come presentendo la fine imminente del loro padrone. Mi addormentai in fretta, sopraffatto dalla stanchezza e dal dolore, ignorando le pulci che iniziarono a torturarmi fin da subito. Sognai la nostra isola, il profilo di Uraniborg che si disegnava in un cielo color rosso fuoco, le stelle che piangevano lacrime dorate.

All'indomani mi svegliai per primo. Uscii in un piccolo cortile dal fondo fangoso, situato sul retro della casa, e mi avvicinai a una vasca di pietra che conteneva dell'acqua e fungeva da abbeveratoio degli animali. Scostai della sporcizia ferma in superficie e mi bagnai il volto. Poi rimasi a osservare l'acqua smossa dalle mie mani fino a quando le onde non si smorzarono e non riuscii e scorgere la mia immagine riflessa. Vidi un nano che stava invecchiando, dal respiro corto, con giorni spezzati tra le mani malcerte. Che ne sarebbe stato di me? Sarei ritornato l'essere deriso e disprezzato di un tempo? Sarei morto nella miseria alla quale ero sfuggito?

Il sole spuntò dal tetto di un edificio e illuminò il cortile. L'acqua si riempì di mille riflessi e la mia immagine scomparve, come assorbita dalla luce. La mia ombra si disegnò nitida a terra, distinsi la mia deformità. Alzai lo sguardo al cielo azzurro e non vidi niente, se non la luce che lo riempiva in ogni angolo, e per qualche attimo l'angoscia che mi serrava lo stomaco si acquietò.

Quando Longomontano mi raggiunse, ritornammo nella casa. C'era movimento, più gente del giorno precedente, molti si spostavano di fretta, ma mantenendo sempre un tono di voce molto basso. Alcuni servi trasportavano delle stoffe nere. Udii pianti e lamenti di donne. Salimmo al piano superiore, urtando lungo la stretta scala di legno i servi che scendevano in continuazione. Nel corridoio incontrammo molta gente, anche persone che non conoscevo. Un brusio sommesso accolse il nostro arrivo. Sentii il dottore dire a Tyge che suo padre si era spento serenamente, come si spengono gli uomini che dalla vita hanno avuto molto. Ci avvicinammo alla camera facendoci largo tra la ressa. Camminavo seguendo Longomontano. La camera era stata tappezzata di nero e il corpo di Tycho era stato avvolto da un drappo di velluto scuro con lo stemma dei Brahe. Solo la sua testa, che poggiava su un alto cuscino dello stesso colore del drappo, emergeva dal tessuto pregiato. Il suo volto mi sembrò composto, come si fosse abbandonato a una tranquillità che non conosceva da tempo. Mi sembrò anche svecchiato, quasi che l'agonia, terminando, gli avesse levato il peso degli ultimi anni, i più amari. Sulla sedia, dove il giorno precedente stava Magdalene, sedeva Kirsten, lo sguardo perso e la veste scura della vedovanza. Longomontano le parlò, ma io non ne ebbi il coraggio. Kirsten lo ringraziò. Avvertii in quell'attimo sulle spalle, il peso dell'enormità di quanto era accaduto e iniziai a piangere a dirotto, senza riuscire a tratte-

270

nermi. Mi pareva d'essere giunto senza forze al termine di un faticoso cammino. Il corpo di Tycho giaceva inerte a breve distanza da me e io piangevo per lui, per me, per la mia vita che se n'era andata senza che me ne accorgessi, per i giorni belli e brutti che avevamo condiviso.

Longomontano mi poggiò le due mani sulle spalle e mi accompagnò fuori. Scendemmo al piano di sotto e ci mescolammo alla servitù. Trascorso qualche momento, mentre Longomontano mi stava chiedendo se me la sentivo di risalire, scorgemmo Keplero che usciva dalla stanza di lavoro di Tycho. Si fermò, aveva dei fogli tra le mani. Longomontano notò i fogli e capì al volo di che cosa si trattava.

«Non hai alcun diritto di prenderli» disse.

«Nessun altro qui dentro saprebbe che cosa farsene. Anche Tycho approverebbe» rispose pronto Keplero.

«Potresti almeno attendere il funerale.»

«Con la confusione che regna in questa casa, c'è il rischio che vadano smarriti.» E, prima che Longomontano potesse aggiungere altro, infilò il plico dei fogli sotto il mantello e si allontanò.

Longomontano non si mosse. Alcuni servi lo guardarono incuriositi.

«Forse ha ragione lui» sentii che bisbigliava.

«Che cosa c'era su quei fogli?» gli chiesi.

«Tutte le osservazioni di Marte.»

# XXVI

*Con la vostra ellisse voi abolite la circolarità
e l'uniformità dei movimenti, cosa che più ci
rifletto più mi sembra assurda. Se soltanto
riusciste a conservare l'orbita circolare perfetta
e a giustificare la vostra orbita ellittica con un
nuovo piccolo epiciclo, sarebbe molto meglio.*

Da una lettera di FABRICIUS a KEPLERO

Avanzai lungo la navata laterale sinistra della Teynkirche, avvolta in una penombra silenziosa. La mia andatura insicura attirò l'attenzione di un uomo. La tomba era all'altezza del primo pilastro, accanto a un cancello. Sostai alcuni istanti. Fuori stava piovendo. Una luce grigia rendeva Praga più tetra di quanto già non fosse. L'uomo che mi aveva tenuto d'occhio sospettoso si allontanò; ne fui sollevato. Cercavo di raccogliere i pensieri, di concentrarmi sulla figura di Tycho. Le tracce del passato che conservavo erano bruschi lampi che distendevano le loro luminose radici dentro la mia testa: battute, gesti, frasi, screzi. Era come se i ricordi mi investissero risalendo le pareti di un pozzo verticale, come se tutta una vita si concentrasse in un unico istante. Il risultato era che non riuscivo più distinguere, che non separavo un momento da un altro. Mescolavo parole di giorni andati e rimestavo immagini di cieli stellati senza aver compreso ancora appieno che cosa era accaduto, quanto la scomparsa di Tycho avrebbe segnato il resto della mia vita.

Non avevo preso parte alla cerimonia funebre perché Tyge si era opposto. Un funerale a cui avrebbe partecipato la città intera e gente di tutta Europa, aveva spiegato, non era luogo adatto a un buffone. Di fronte al suo rancore mi ero ritirato senza opporre obiezioni. Quella crudeltà era il segno della mia ineludibile caduta in disgrazia.

Mi piegai e toccai la pietra del sepolcro. La lastra era fredda e opprimente, portava in grembo la pesantezza delle parole ultime, la compiutezza della morte.

*Kirsten segue il feretro dopo i consiglieri imperiali, i nobili, gli assistenti e i servitori di Tycho. Dietro di lei ci sono le figlie. Magdalene non ha smesso un istante di piangere. Kirsten pensa che non può fare nulla per lenire questo nuovo dolore della sua bambina. Vi sono creature che vengono al mondo per affrontare la sofferenza quotidianamente; altre, invece, per vederla riflessa solo nelle sventure degli altri.*

*Quando Kirsten alza lo sguardo, distingue le due ali della folla che ha invaso le vie. La commuove tanto affetto, una partecipazione così spontanea e inattesa della città che li ha ospitati solo per un breve periodo. Poco più avanti a lei, cammina Keplero. Avanza nel corteo dietro a Longomontano, rallentando per evitare di superarlo. Kirsten non ha mai parlato con Keplero e, le poche volte che l'ha incontrato, lui ha sempre scansato il suo sguardo. La strada a tratti procede in salita, e Kirsten scorge il dorso del cavallo di Tycho che segue da vicino la bara, sorretta da dodici ufficiali imperiali. La bara è coperta da un telo nero con decorazioni in oro che disegnano lo stemma dei Brahe.*

*Nella chiesa le persone che hanno partecipato al corteo entrano a stento; prendono posto e ascoltano i sermoni sulle sedie ricoperte di panno scuro. Le armi e l'armatura di Tycho giacciono accanto al feretro. Kirsten ascolta trasognante le parole del dottore che espone ai presenti gli ultimi giorni e le ultime volontà di Tycho. Non riesce ad abituarsi all'idea che qualcuno parli di suo marito come di una persona che non c'è più. Tycho le ha sempre spiegato le proprie ragioni in modo pacato, non ha mai tradito la sua fiducia, non si è mai pentito d'averla presa in moglie, anche se sua sorella Sophie doveva sostituirla nelle cerimonie ufficiali. Kirsten non piange, se non quando è sola, nella sua stanza. In presenza di altri è sempre riuscita a trattenersi. Le lacrime non sgorgano dagli occhi, le si condensano in una minuscola palla che le preme contro il costato, sotto uno dei seni. Un dolore che conserva e da cui non si separerà più.*

Mi sollevai e, mentre allontanavo la mano, percepii l'eco del rumore della lastra che sigillava la tomba: un suono d'aria aspirata, un risucchio di tenebre oleose contro alla pietra. La chiesa era deserta, la luce che proveniva dall'esterno si andava lentamente prosciugando. Perché Tycho mi aveva preso con sé? Per le mie capacità visionarie o c'era dell'altro? Ritornai sui miei passi, l'abside della chiesa era fasciato da un'aureola di chiaroscuri. Uscii e mi persi nelle vie fradice di pioggia. Inseguivo gli stessi fantasmi che inseguivano me, in un circolo senza principio e senza fine; ero confuso, al punto da non sapere nemmeno da che cosa stessi fuggendo. La pioggia mi bagnava il volto, mi inzuppava gli abiti. Mi ritrovai in un vicolo dove due mendicanti avevano cercato riparo sotto una tettoia di legno. Li guardai. Ero fermo sotto l'acqua. Uno di loro raccolse una pietra e me la lanciò contro. Non mi colpì, ma me la sentii passare accanto. Scappai. Corsi a lungo, alla cieca, in discesa e in salita, urtando spigoli e rari passanti, scappando saltellante dai loro insulti. Poi scivolai, o forse mi lasciai cadere. Ruzzolai in uno dei piccoli ruscelli di fango che scorrevano nella strada. Rimasi a terra, senza forze e senza fiato, acqua mista a sporcizia mi entrava dal colletto e mi scorreva lungo il corpo. Avevo freddo, ma stetti ben attento a non muovermi, a non guardare niente. Era come se, tenendo gli occhi chiusi, frapponessi un diaframma tra me e la spietatezza del mondo. Desiderai diventare come la terra, sensibile solo alla luce e all'acqua, alla siccità e alle alluvioni; immobile, invulnerabile al disprezzo umano. Trascorse molto tempo. Non so quanto, persi il conto. Quando ebbi la forza di riaprire gli occhi, aveva cessato di piovere. Era notte, ma nel cielo non si vedeva neanche una stella.

La casa era silenziosa, svuotata anche dai lamenti che l'avevano abitata nei giorni precedenti. Longomontano, dopo che molti se n'erano andati, aveva ricevuto una stanza all'interno, mentre io ero rimasto a dormire sulla paglia, accanto alla stalla. Osservai la mole scura dell'edificio che si ergeva nella notte cupa e umida con un aspetto familiare. Mi ricordava la casa di Tycho a Copenaghen, mancavano solo le mura della città e il profilo della torre che il re gli aveva concesso di utilizzare. Mi sentivo perduto, senza legami, senza riferimenti. Sapevo distinguere, nei cieli, i sentieri delle stelle, ma era una conoscenza che, senza Tycho, non serviva a nulla, che non cambiava la mia sorte. A che mi era utile tutto ciò che avevo appreso, se nessuno lo riconosceva, se a nessuno importava? Presi in considerazione il pensiero della morte. Non la temevo più del lecito, ma la sofferenza che conduceva alla morte, quella sì. Attraversai il cortile e raggiunsi la vasca di pietra piena d'acqua. Mi pulii dal fango che mi si era incrostato addosso, al buio, lordandomi in parte con altro fango che c'era nel cortile; poi andai a sdraiarmi sul mio giaciglio. La notte era fredda, mi buttai addosso della paglia, ma non riuscii a prendere sonno. Affondavo nei gorghi dei miei pensieri tetri. Mi svegliò dall'intorpidimento nel quale ero crollato il canto di un gallo. Il cielo si era in parte aperto, ma ancora era occupato da nubi basse che, nell'esitante chiarore dell'alba, si intuivano appena. Maledii il giorno in cui avevo seguito Tycho. Che cosa avevo guadagnato? Soltanto l'illusione

che un essere come me potesse avere un destino diverso da
quello a cui la natura e gli uomini lo avevano condannato.
Con la scomparsa di Tycho, l'illusione si era rivelata nella sua
atroce finzione e il destino, al quale credevo d'essere sfuggito, mi si parava davanti nella sua spietata crudezza. Un gallo
tornò a cantare. La sapienza che i libri mi avevano trasmesso
aveva solo aumentato la consapevolezza della mia condizione
innaturale, la lucidità e il disincanto con cui giudicavo gli
uomini. Se Tycho non avesse attraversato il mio cammino
avrei di certo patito sofferenze diverse, forse più sopportabi-
li. Un gallo cantò una terza volta. Presi coscienza dell'ingrati-
tudine contenuta nei miei pensieri: avevo rinnegato Tycho,
l'unica persona nella mia vita che in qualche maniera aveva
creduto in me. Mi vergognai. Non ero più nemmeno capace
di riconoscere chi meritava gratitudine? Sprofondai ancora
di più nei foschi cunicoli del mio cuore infranto, nei meandri
dei miei pensieri desolati. Un peso mi opprimeva il petto, ral-
lentandomi il respiro; le ossa della schiena premevano contro
la gobba. Mi pareva di non avere vie d'uscita, d'essere prigioniero dell'arbitrio altrui. Quando fui di nuovo calmo, era
giorno fatto. Alcuni passeri stavano bevendo l'acqua di una
pozzanghera, nel cortile. Nella stalla, accanto alla mia stanza,
c'era un mulo che scalciava.

Un servo si affacciò alla porta della cucina e mi disse che non
potevo più entrare in casa e che l'ordine di Tengnagel era
che mi si passasse solo un piatto di zuppa al giorno. Mi trat-
tavano come un mendicante, come uno straccione, gente che
di astronomia sapeva meno di quanto io sapessi prima di
incontrare Tycho. Uomini del genere avevano il compito di
non vanificare il suo lavoro! Tornai, infuriato, nel cortile ed
entrai nella stalla. C'era odore di letame e di animali. Cercai
il mulo che avevo udito scalciare al mattino. Era una bella

bestia, ancora giovane; mi fiutò, gli diedi qualcosa da mangiare con le mie mani. La rabbia, svanendo, mi portò la lucidità che mi era mancata nel corso della notte appena trascorsa.

Sapevo quello che avrei fatto, sapevo quello che Tycho avrebbe voluto che facessi.

Cantò un gallo. Era di nuovo l'alba, un'alba diversa. Per la prima volta, dalla morte di Tycho, avevo trascorso una notte di sonno e di serenità. Stavo bene, ero riposato. Portai il mulo fuori dalla stalla e lo bardai, poi gli misi addosso un sacco con le mie cose. La bestia si lasciò preparare docilmente. Ero pronto. Sollevai lo sguardo al cielo: era quasi giorno, ma si riconoscevano ancora le ultime stelle. Lo considerai di buon auspicio. Stavo per avviarmi, quando scorsi Longomontano che mi veniva incontro.

«Parti senza salutarmi?» mi chiese sorridente.

«Più che partire, sono stato cacciato.»

Si fece serio. «Ti comprendo. Anch'io non mi tratterrò a lungo. Senza Tycho, non c'è ragione perché resti. Con modi forse un po' meno drastici, ma Tengnagel ha dato da intendere anche a me che sono di troppo.»

«Era Tycho il centro di tutto.»

«Credi che tutto si fermerà?» mi chiese.

«Ciò che è stato fatto, resterà. Keplero potrebbe portare avanti i suoi progetti» ipotizzai.

Longomontano appariva dubbioso. «Ha già avuto quello che cercava» disse «adesso ambisce a essere nominato matematico imperiale, al posto di Tycho. Da quanto mi è parso di capire, è sulla buona strada.»

«In un modo o nell'altro il futuro è suo» osservai. «Noi, con Tycho, siamo il passato.»

«Forse così dev'essere» aggiunse Longomontano «lui ha

tagliato i ponti con noi così come Tycho aveva tagliato i ponti con quelli che l'avevano preceduto.»

Mi incamminai. Longomontano mi accompagnò fuori dal cortile, fino all'ingresso padronale della casa. Alcune porte, nel vicolo, si stavano aprendo. Udii le voci di una donna e di una bambina.

Longomontano disse: «Io mi fermo qui».

Avrei voluto abbracciarlo, ma la differenza d'altezza avrebbe reso ridicolo quel mio impulso. Lui mi porse qualcosa avvolto in una stoffa. «Sono convinto che ti servirà» disse.

Presi il fagotto e lo aprii. Dalla stoffa emerse il triquetro appartenuto a Copernico che io e Morsing avevamo portato da Frauenburg. Lo guardai meravigliato.

Longomontano disse: «Ti spetta. Nessuno si accorgerà della sua mancanza. Un astronomo non può non avere un proprio strumento».

Accarezzai con le dita il legno liscio che era appartenuto a un uomo tanto illustre. Sentii che ne sarei stato degno.

«Grazie» riuscii a dire soltanto.

Longomontano fece un gesto noncurante, si girò e scomparve in casa. Il suo commiato assomigliò più a una fuga che a un addio. Lo compresi. Provavo, in fondo, lo stesso rammarico.

Di nuovo solo, sistemai il triquetro tra le mie cose. A quel punto ero davvero pronto, nulla mi tratteneva più. Alzai gli occhi verso la casa e, al primo piano, dietro una finestra, riconobbi il volto di Magdalene. Feci finta di non averla notata e mi incamminai. Il mulo mi venne dietro obbediente. Un paio di volte, facendo credere di controllare le corde che reggevano il mio bagaglio, mi girai a sbirciare: Magadalene non mi perse di vista fino a quando arrivai in fondo al vicolo e svoltai in un'altra strada.

# XXVII

Noi non doviamo desiderare che la natura
si accomodi a quello che parrebbe meglio
disposto et ordinato a noi, ma conviene
che noi accomodiamo l'intelletto nostro
a quello che ella ha fatto.

Da una lettera di GALILEO a FRANCESCO CESI

Mentre la prua tagliava le onde con un rumore tenue che si accordava all'azzurro spento del cielo, il profilo nebuloso e appena ondulato dell'isola prendeva vita davanti al mio sguardo commosso, così come lo ricordavo. Gli uccelli seguivano da vicino la nostra navigazione. L'aria era fredda, mordeva con ferocia le parti del corpo esposte; ventate sature della neve caduta nelle precedenti settimane spazzavano mare e terra con cambi di direzione imprevedibili. Fustigata da quelle raffiche, la barca gemeva, si inclinava, ma subito si rialzava e riprendeva a scivolare sull'acqua senza sforzo apparente.

Ripensai al mio viaggio, a quando, sorpreso dal buio lungo il cammino, avevo udito l'ululato dei lupi sulle mie tracce, o quando non mi avevano accettato in una locanda e avevo dormito nella stalla con il mulo. La bestia era stata un compagno di viaggio fedele e disponibile. L'avevo venduta per poche monete a Copenaghen, prima dell'ultima traversata. Mi sarebbero tornate utili.

Quando doppiammo il capo settentrionale dell'isola, nei pressi della chiesa di Sankt Ibb, riuscii a distinguere il fumo che si levava dalle abitazioni di Tuna e le chiazze di neve non ancora sciolta nei punti ombrosi del sentiero che risaliva la costa. Un colpo di vento mi portò l'odore della terra, un vento che sapeva di erba e di animali. Era l'odore della mia fanciullezza. Riavvolsi bene il triquetro nel panno che il vento aveva sollevato. Il mio viaggio era sul finire. Ero tranquillo, la tranquillità di chi ha accettato il proprio destino. Come la balena arenatasi sulla spiaggia tanti anni prima, nei cui occhi appannati avevo visto la sorte di noi tutti, ero tornato sull'isola perché lì volevo che la morte incrociasse il mio cammino.

Attraversai il villaggio quasi deserto. Gli uomini per lo più erano al lavoro, le donne nelle case. Solo dei bambini, vicino al pozzo, mi guardarono passare incuriositi. Nessuno di loro mi aveva visto prima, né aveva mai sentito parlare di me.

Le pale del mulino di Möllebacken fendevano l'aria pigramente. Imboccai la lieve salita che conduceva a Uraniborg. Quando riconobbi il profilo del palazzo contro il cielo pennellato di grigio, ebbi un sussulto. Mi stavo avvicinando da nord e dovetti costeggiare parte dei bastioni per raggiungere il portale orientale. Notai che le travi delle palizzate, in alto, dove c'erano i camminamenti, erano state rimosse e che lo stesso era accaduto con buona parte delle pietre del basamento; qua e là la terra aveva cominciato a franare. La fucina, che una volta era situata poco fuori dal perimetro dei bastioni, non esisteva più.

Varcai nel silenzio della campagna il portale orientale. Lo scenario che mi accolse al di là mi strinse il cuore in una morsa. Il giardino era irriconoscibile: gli alberi da frutto erano stati abbattuti, le aiuole devastate. Anche la casa non era in condizioni migliori. Non una sola vetrata integra rimandava il grigiore del cielo; tutto ciò che poteva essere preso, quel poco che Tycho non aveva portato con sé, era stato rubato. Avevano tolto anche le porte dai cardini. Entrai e girovagai per quelle stanze spoglie, ora più grandi che nei miei ricordi. I miei passi echeggiavano mesti in quegli spazi inanimati; un suono al quale presto mi sarei abituato. La fontana era stata smantellata e anche l'affresco che raffigurava Tycho al lavoro era stato sfregiato. Nulla era scampato alla furia e alla voracità degli isolani. Salii al piano superiore e mi accolse la stessa desolazione. Il vuoto. Il silenzio. Quella che un tempo era stata una casa, viva e pensante, ora era un guscio di pietra che mostrava le prime crepe. Giunsi al ballatoio della cupola, dove erano stati gli alloggi degli assistenti, e poi ancora oltre, fino alla stanzetta ottagonale in cima all'edificio. Dalle orbite vuote delle finestre senza vetri strisciava dentro l'aria gelida. Da quel punto in alto dominavo la casa, la pianura circostante, i due bracci dello stretto. Udii, sopra la mia testa, il cigolio del Pegaso che ruotava nel vento. Ero a casa.


Spesi le mie ultime monete per acquistare legna, qualche animale da cortile e un po' di provviste. Il necessario per arrivare alla bella stagione. Ritornai a lavorare la terra. Scelsi un pezzo di giardino e iniziai ad allestire quello che sarebbe stato il mio orto. Preparai la terra con cura, come avevo visto fare in tanti anni, e seminai con la luna favorevole, affinché tutto potesse crescere nel migliore dei modi. Non avevo esigenze particolari. Per qualche tempo avrei avuto di che cibarmi.

Scelsi di sistemarmi in quella che era stata la cucina, così avrei avuto a disposizione il pozzo e il focolare. In un angolo adagiai un pagliericcio e tutti i miei averi. I giorni si inanellavano uno nell'altro, uguali. Lavoravo qualche ora all'orto, soprattutto al mattino, accudivo gli animali, mettevo ordine nelle mie osservazioni; con il buio salivo in uno dei due osservatorî e continuavo la catalogazione delle stelle che avevo iniziato tanti anni prima con Longomontano. Sistemavo il triquetro in terra in modo che la sua staffa verticale segnasse lo zenith e, assieme alla stella polare, mi permettesse di individuare il meridiano di riferimento, poi con l'altra staffa, quella mobile, misuravo l'altezza della stella e il suo azimuth. Determinavo l'ora con l'aiuto di una clessidra che mi ero procurato a Copenaghen, prima di imbarcarmi. Erano misure meno precise di quelle che avevo eseguito con Longomontano, ma la continuità di quel lavoro dava un senso ai miei giorni. Nel mio cuore coltivavo l'ambizione di portare a compimento l'opera di Tycho, di sentirmi degno di lui, della sua benevolenza: avrei redatto un catalogo con la posizione di tutte le stelle dell'universo, come mai, prima d'allora, era stato fatto.

Osservare il cielo mi scaldava l'anima. Sopra le molteplici traversie umane, mutava nello stesso modo da millenni, sempre fedele a se stesso, al suo passato e al suo futuro, a una sua armonia invisibile; quell'immobilità codificata, nella sua monotonia era rassicurante come un riparo, la tana tiepida di un animale sonnacchioso. Guardare il cielo di Uraniborg mi faceva sentire al sicuro, immune dalle malattie e dalle sventure, al centro di un cosmo i cui segreti si disvelavano al mio sguardo senza alcuna pudicizia.


Giunse di mattino, mentre lavoravo nell'orto. Mi accorsi di lei solo quando me la ritrovai davanti. Mi rialzai. Avevo le mani e le ginocchia imbrattate di terra umida. Mi piaceva sentirmi addosso l'odore della terra, sugli abiti, sulla pelle. L'istinto mi spingeva verso il suolo e io mi ci aggrappavo; un luogo dove mettere radici per non essere risucchiato dentro al nero del cielo.

«Chi ti dà il diritto di stare qui?» mi apostrofò aggressiva.

«Certamente non il fatto d'aver procurato piacere al re» risposi alla stessa maniera, per non farmi intimidire.

Avvampò in volto, ma riuscì a controllarsi. Si sfogò richiamando un bambino che era giunto con lei e stava rincorrendo le galline. «Hans!» sbraitò «lascia stare gli animali.»

Il bambino interruppe la sua corsa e le si avvicinò adagio.

«Conosco questa casa in ogni angolo» aggiunsi «so interpretare ogni suo gemito, ogni sussurro delle sue intercapedini, ogni assestamento delle sue travi.»

«Tycho non è più signore di quest'isola. Di lui si sono dimenticati già tutti.»

«Lo so. Adesso tutto questo è un vostro possedimento e, domani, sarà di vostro figlio.»

La donna sembrò ignorare la mia affermazione. Allora adottai un tono più accondiscendente. «Concedetemi, vi prego, di restare. Sto solo onorando con la mia presenza la memoria di un uomo compianto, conosciuto e stimato in ogni contrada d'Europa. Coltivo la terra, studio il cielo, preparo elisir. Non saprei in quale altro luogo andare.»

«Tutto questo è mio» ribadì lei.

«Non vi ruberò niente. Anzi, per quanto nelle mie possibilità, cercherò di evitare che la rovina abbia la meglio su queste pietre.»

«Non mi importa niente di queste pietre» rispose indispettita.

La guardai dal basso in alto, incuriosito. Aveva un volto che riluceva di un passato splendore.

«Una parte di ciò che coltivi devi darlo a me, come tutti gli altri contadini» sentenziò.

«D'accordo» risposi senza riflettere. Di tutto ciò che Uraniborg era stata, le importavano solo i miseri ortaggi che coltivavo nel giardino.

«Manderò un uomo a ritirare ciò che mi spetta» concluse. E, preso il bambino per mano, lo trascinò via con sé.


*La sala da ballo del castello di Kronborg è lunga cento piedi danesi e più. Il re e la regina la attraversano tra due ali di cortigiani. Karen indossa un abito rosso, vistoso e raffinato, la luce che entra dalle grandi vetrate lo fa brillare di fiamma. Il re cammina impettito, guardando davanti a sé e tenendo la mano della regina per la punta delle dita. Quando la coppia reale le passa accanto, Karen si sente bruciare, un bollore sotto pelle che le freme in mezzo ai seni. Il re non la guarda. Il cuore le batte all'impazzata, se lo sente in gola. Quando il re e la regina escono dalla sala, i musici riprendono a suonare.*

«Karen» chiamai.

Lei si fermò e si voltò. Non mi aveva detto il suo nome. Mi rivolse uno sguardo carico di diffidenza.

«Non si può amare un sovrano. È amore sprecato» le dissi cercando di apparire distaccato. «Il re vi ha allontanata. Non siete più la sua favorita.»

Era raro che lasciassi Uraniborg. Mi allontanavo solo per raccogliere le erbe che mi servivano per preparare elisir, unguenti e altre misture; spedizioni in genere che avvenivano all'alba o nelle notti di luna piena. La gente del villaggio si rivolgeva a me per i piccoli malanni e io fornivo il rimedio. In cambio mi davano la legna per scaldarmi, che altrimenti non avrei saputo come procurarmi. La reputazione di mago e di cerusico che circondava la mia persona aiutò a tenere lontani i curiosi dalla casa e rallentò, per qualche anno, la sua lenta erosione.

Solo nei giorni di pioggia, quando l'acqua filtrava dalle mille aperture e scorreva in rivoli lungo le pareti ammuffite, la malinconia aveva la meglio su di me. Era come se la desolazione di quel luogo tracimasse dentro al mio cuore. Stavo lunghe ore disteso sul mio pagliericcio a guardare il soffitto e ad ascoltare il ticchettio dell'acqua sui tetti malandati. La mia mente era invasa dai ricordi, tutto il mio corpo ne era impregnato fino alle ossa. Il tempo correva trascinando con sé vanaglorie e albagie, una marea caliginosa dentro alla quale mi levigavo. Sognavo giorni che non sarebbero ritornati, volti che non avrei rivisto. Sognavo Magdalene. La vedevo scomparire nell'ombra e non riuscivo a trattenerla. La sua immagine mi si scomponeva tra le dita, come cenere, come i muri della casa rigati dalla pioggia, scorticati dal vento, crepati dal gelo. Come la casa, anch'io deperivo ogni giorno di più.

Le stagioni trascorsero con una rapidità che le annullava, si ricalcarono una nell'altra fino a farsi irriconoscibili. Giornate indistinguibili tracciarono il loro arco nel cielo, segnate dalla solitudine e dal lavoro. Vivevo come un asceta. Quasi non avevo la percezione degli anni che calpestavo, se non per la fatica, sempre maggiore, che mi costava al mattino riprendere le attività quotidiane. Eppure, ogni nuovo giorno, mi alzavo e mi mettevo all'opera.

La luna era tramontata. La notte era nera. Nel cielo, disseminato di stelle, si distingueva con chiarezza la Via Lattea. Le costellazioni scivolavano nella quieta deriva della volta celeste. Guardai in alto, in cerca della stella su cui quella sera avrei dovuto puntare il mio triquetro, e inaspettatamente la vidi. Dove fino alla notte precedente non c'era nulla, *in pede Serpentarii*, scorsi un astro dalla brillantezza inconsueta. Il suo fulgore superava quello di qualunque pianeta. Scintillante quanto un diamante, risplendeva di tutti i colori dell'iride, immobile nei pressi di Saturno e Giove quasi in congiunzione, ben più luminoso di loro. Guardai la stella rapito, per istanti che parvero eterni, immobile come pietra. Non ebbi un solo dubbio: una stella *nova*, quella era una stella *nova*! Un cielo fiammeggiante sembrò penetrare nella

mia mente; fuoco e luce solcavano la sfera del mio cielo eterno. Anch'io, come Tycho, avevo trovato la mia stella.

Approntai il mio strumento per misurarne la posizione.
Tremavo. Stentai a puntare il braccio mobile. Forse quello
era un segno divino, un filo teso che mi legava al mio pro-
tettore, che mi indirizzava sulle sue orme. Mi commossi
profondamente. Il cielo mi sussurrava che il sentiero intra-
preso era quello giusto.

# XXVIII

*Grande cosa è certamente alla immensa*
*moltitudine delle stelle fisse che fino ad oggi*
*si potevano scorgere con la facoltà naturale,*
*aggiungerne e far manifeste all'occhio umano*
*altre innumeri, prima non mai vedute*
*e che il numero delle antiche e note superano*
*più di dieci volte.*

GALILEO GALILEI Sidereus Nuncius

Subito non lo riconobbi. Comparve, nella luce obliqua della sera, un inizio d'estate. Davanti a me c'era un uomo anziano. Dietro le tracce incise dal tempo sul suo corpo, rividi l'uomo che ricordavo saldo e robusto. Poi capii che lo stesso doveva essere accaduto anche a me. Cercai nel suo sguardo la sorpresa, ma non la trovai. Vidi gioia semmai, venata di malinconia.

Sedette sulla soglia di casa, sui gradini rivolti a occidente, di fronte al tramonto. Mi sistemai accanto a lui. Guardammo per qualche istante la costa danese, dove il contorno delle foreste infuocate dall'astro declinante affondava nel baluginio del mare. Sembrava quasi di distinguere i tronchi e il viluppo del fogliame nel nitore crepuscolare, come se l'aria dorata avesse accorciato le distanze dello stretto, sgranandole in frammenti perfetti. Ricordai allora un altro tramonto e altre parole in quella che sembrava un'altra vita.

«Sai» gli confessai «qualche volta ascoltavo i discorsi fra te e Tycho. Non lo facevo con malignità. Capitava per caso, e io origliavo. Credo di aver usato molto del mio tempo a spiare la vita degli altri, a rubare pezzi della loro esistenza, a viverli come se fossero miei. Ho sempre trovato la vita altrui più interessante della mia.»

Longomontano non rispose e socchiuse gli occhi, come a riposare le palpebre nell'ultimo tepore del giorno.

«Sono stanco» disse dopo un po'.

«Del viaggio?»

«Del viaggio, degli anni. Ci si può stancare anche degli anni che abbiamo ricevuto in sorte?»

L'ultimo raggio di luce scomparve dietro l'orizzonte; l'ombra della notte, come se fermentasse nel fogliame scosso dal vento, inghiottì la costa. Mi alzai e dissi: «Andiamo dentro».

Mi seguì. «Volevo rivedere questi luoghi. E poi, speravo di incontrarti» aggiunse.

«Come sapevi che ero qui?»

«Dove potevi andare?»

Attraversammo la casa, diretti in cucina. Negli anni, le mie flebili forze non avevano saputo contrastare la rovina. Parte della copertura della biblioteca e dell'osservatorio meridionale erano crollate.

«Uraniborg, come vedi, è molto diversa da un tempo» dissi.

«Nel ricordo è uguale. Dove adesso chiunque scorge solo desolazione, noi vediamo la vita che l'aveva animata. Sta a noi mantenere vivo il passato.»

Lo feci sedere accanto al focolare spento. Mi ero fabbricato un tavolo e un paio di sgabelli.

«Ti posso offrire qualcosa da mangiare?»

«Grazie.»

Rovistai in una pignatta e gli porsi una ciotola di verdure stufate ancora calde.

Mangiò piano, in silenzio, gli occhi fissi alla fuliggine che ricopriva i mattoni del focolare. Quando ebbe quasi terminato, mi chiese: «Che cosa hai fatto in tutti questi anni?».

Andai verso il pagliericcio, dove stavano le mie cose, e gli porsi un plico di fogli. «Il catalogo delle stelle Adesso sono più di mille. È tutto scritto qui. Anche la stella *nova* comparsa nel cielo pochi mesi dopo il mio arrivo sull'isola.»

Longomontano prese il mio lavoro e lo studiò.

«È ancora incompleto» precisai.

«Fino a che punto vuoi spingerti?»

«Voglio catalogare tutte le stelle visibili.»

Un sospiro gli sfuggì dalle labbra, mi restituì i fogli e, fissandomi, mi disse piano: «Molte cose sono accadute in questi anni. Nuove scoperte hanno indicato strade sconosciute. L'astronomia non è più quella di Tycho, si è rinnovata come anche lui desiderava».

Ascoltavo e cercavo di afferrare il senso delle sue parole.

«Keplero ha dimostrato matematicamente, utilizzando le osservazioni di Marte, che i pianeti si muovono intorno al sole seguendo una traiettoria ellittica e non circolare, e ha anche spiegato la ragione della differente velocità dei pianeti nel loro percorso senza usare gli equanti, ma semplicemente prendendo in considerazione l'area spazzata dalla congiungente sole-pianeta.»

«Una traiettoria ellittica?»

«Sì. L'ellisse, come già aveva spiegato Apollonio, è una curva che si ottiene intersecando un cono con un piano non perpendicolare al suo asse e non passante per la sua base. Keplero l'ha ricostruita punto per punto, usando le osservazioni di Tycho. Un lavoro immane. Tycho aveva visto bene a riporre fiducia in lui.»

«Dunque anche la convinzione che i pianeti, pur non appartenendo a sfere cristalline, si muovessero lungo percorsi circolari, era errata?»

«Dell'interpretazione tolemaica e aristotelica non rimane molto. Pochi ancora la difendono, e la schiera si va lentamente assottigliando. Ha destato molto scalpore l'opera di un italiano, di nome Galileo, che ha perfezionato l'invenzione di un fiammingo, uno strumento che rende vicine le cose molto lontane, e ha avuto l'intuizione geniale di puntarla verso il cielo.»

«Verso il cielo. Perché?»

«Per cercare. E ha visto cose che nessun altro, prima di lui, ha veduto: i monti e i canali lunari, quattro nuove lune attorno a Giove e anche le fasi di Venere, una delle prove a sostegno del sistema copernicano.»

«Le fasi di Venere» obiettai «sono più che altro una prova a sfavore del sistema tolemaico. Anche il sistema tychonico prevedeva delle fasi per Venere.»

«La tua osservazione è corretta» rispose «ma se aggiungi a questa prova il lavoro di Keplero, credo che rimangano pochi dubbi.»

Sbiancai e, quasi balbettando, riuscii a dire: «Mio Dio! Sei diventato copernicano anche tu!».

Longomontano allargò le braccia. «Per quanto affetto portassi a Tycho» disse «e tu sai quanto, sono costretto ad arrendermi all'evidenza delle prove e del ragionamento matematico. In fondo, è questo il suo insegnamento. Anche Tycho, se avesse potuto disporre dei riscontri di cui disponiamo ora, si sarebbe convertito al copernicanesimo.»

Da troppo tempo non mi confrontavo con qualcuno, la mia mente si era irrigidita. Ero tentato di difendere le mie convinzioni con un ardore che, sentivo, mi accecava. Mi trattenni.

Longomontano si alzò e andò verso la sua borsa. Prese tre libri e me li porse. «Sapevo che avresti faticato ad accettare le novità, così ho pensato che leggerle ti avrebbe aiutato. Questa è una copia dell'*Astronomia nova,* di Keplero, e questo è il *Sidereus Nuncius* di Galileo. Quest'altra opera di Keplero, il *Dioptrice*, invece, ti servirà per comprendere meglio i principi di funzionamento del *perspicillum* che è stato usato da Galileo.»

Presi i libri che mi porgeva, li accarezzai con la punta delle dita. Chissà se rammentavo il latino.

«Sono stanco, ho bisogno di riposare» disse Longomontano.

«Prendi pure il mio pagliericcio» gli risposi.

«E tu?»

«Mi arrangerò. Ho delle osservazioni da compiere e i libri che mi hai portato mi terranno sveglio a lungo.»

Longomontano si coricò e si addormentò subito. Io uscii. Mi sistemai nei pressi dell'orto. Sfogliai avidamente i libri e tenni lontano il sonno.

Si trattenne alcuni giorni. Insieme visitammo le rovine della vecchia cartiera, ridotta al solo perimetro delle fondamenta, e le vasche che si andavano lentamente riempiendo di terra. Camminavamo con prudenza, come camminano due vecchi.

«Che hai fatto in questi anni?» gli chiesi durante una di quelle escursioni.

«Ho preso moglie, abbiamo generato figli, sono ritornato a vivere in Danimarca. Lavoro all'università di Copenaghen.»

«Hai fatto carriera.» Lo dissi senza nascondere una punta di invidia.

«Devo tutto a Tycho, al mio lavoro con lui, alla sua rete di conoscenze.»

Ci fermammo a osservare il mare. Le onde rasentavano la spiaggia sassosa sotto le rovine della cartiera.

«Se vivi a Copenaghen, perché hai atteso tutti questi anni prima di tornare qui?»

Mi guardò. «Per nessun motivo in particolare: gli impegni, la famiglia, oscuri timori che non saprei definirti meglio. La scomparsa di Tycho, così repentina, ha lasciato molti strascichi. Ho impiegato anni ad abituarmi, a non provare una sorta di dolore ogni volta che lo pensavo. In una certa misura non volevo più avere legami diretti con quegli avvenimenti. Poi, poco a poco, il mio atteggiamento è mutato.»

«Saliamo di qua» dissi, incamminandomi per il sentiero che risaliva la diga. In cima, Longomontano colpì con un calcio un sasso che ruzzolò in acqua. Onde circolari si allargarono sopra lo specchio immobile, le guardammo frangersi contro la sponda opposta della vasca.

«Hai notizie di Praga?» chiesi.

«Rodolfo II è morto e la Boemia è dilaniata dalle guerre di religione.»

«E...?» non riuscii a concludere la frase.

«La *familia*?» mi aiutò lui.

«Sì.»

«Kirsten è morta lo stesso anno in cui è apparsa nel cielo la stella *nova*. Non credo sia mai riuscita ad accettare di vivere senza Tycho. È stata sepolta accanto a lui, nella stessa chiesa.»

«E gli altri?»

«Tyge ha sposato una vedova e vive in Germania. Di Jørgen, invece, non ho notizie. Tengnagel ed Elizabeth sono rimasti in Boemia. Lui ha svolto parecchie missioni diplomatiche per conto dell'imperatore, lei è morta improvvisamente, lasciando numerosi figli.»

«E le altre sorelle?»

«Sono tutte sposate. Una di loro è diventata cattolica.»

«Anche Magdalene si è sposata?»

«No» rispose «di lei non ho più saputo niente. Non so se sia rimasta in Boemia, se sia andata via, non so nulla di cosa le sia accaduto.»

Ripensai al giorno della mia partenza da Praga, al suo sguardo che mi seguiva mentre mi allontanavo.

«Ancora non l'hai dimenticata?» chiese Longomontano.

«Ci sono ferite che il tempo non rimargina.»

«Sembriamo due vecchi, pieni di ricordi e tristezze» osservò.

«Siamo due vecchi!» replicai.

Rise. «Hai ragione. Quando aveva i nostri anni, Tycho era già in esilio e la morte incombeva su di lui. Ti spaventa?»

«Che cosa?»

«La morte.»

«Non è la morte a spaventarmi» risposi. «Temo l'incompiutezza. Ho paura, come aveva paura Tycho, di aver vissuto invano. Oltre a lui, rammento poche persone: mia madre, la vecchia Live, Flemløse, te, Magdalene. Rammento anche la torre dove aveva vissuto Copernico. È sufficiente per riscattare una vita?»

«Che cosa devi riscattare?»

«D'essere quello che sono. Un nano che si è ribellato al suo destino e ha imparato a studiare le stelle. Da tutto ciò mi voglio riscattare, e da tutto quello che ho dovuto subire. Ingiustamente.»

«Sei duro con te stesso e con gli altri.»

«È questa gobba che mi opprime dall'infanzia.»

Alcuni contadini stavano lavorando in un campo di segale. Uno si staccò dagli altri e mi avvicinò. Lo ascoltai. Mi raccontò della febbre di una figlia, una bambina che era stata debole fin dalla nascita. Gli promisi un rimedio per il giorno successivo.

«L'incompiutezza. Che cosa devi completare?» mi chiese Longomontano quando ritornai da lui. Il sentiero, che costeggiava un fosso, ci obbligava a camminare uno dietro l'altro.

«L'ho già detto» risposi. «Un catalogo di tutte le stelle che si vedono nel cielo.»

«Tutte.»

301

«Tutte» confermai. «E quando sarà pronto, te lo invierò. Mi aiuterai a vederlo stampato?»

Congiunse le mani dietro la schiena. Non rispose.


Desideravo accompagnare Longomontano all'imbarco, ma lui non volle che scendessi al porto. Ci salutammo al villaggio. Lui sembrava esitare: rimaneva accanto a me, silente. Poi, estrasse dalla sua borsa un oggetto avvolto in alcuni pezzi di panno.

«Tieni» mi disse.

«Che cos'è?» chiesi prendendolo.

«È una copia esatta del *perspicillum* di Galileo. Sono stato incerto a lungo. Dopo che mi hai raccontato del tuo lavoro, ho pensato di non dartelo.»

«Per quale motivo?»

«Perché lo userai, lo punterai contro il cielo. E ne ricaverai solo delusione. Ma poi mi sono convinto che, per quanto dolorosa, tu abbia il diritto di conoscere la verità. Sei un figlio di Tycho, come lo sono io.»


Corsi alla chiesa di Sankt Ibb, in tempo per vedere la barca prendere il largo verso sud. Benché il vento non fosse a favore, avanzava veloce, alzando con la prua schizzi multicolori. La guardai rimpicciolire nell'acqua scintillante del mattino. Alle mie spalle, il muro bianco della chiesa attorniata dalle lapidi del cimitero. Ero circondato dai miei morti, da tutto ciò che era stato e che ora non era più. Tra le mani reggevo il dono di Longomontano celato dal panno, lo soppesavo timoroso. Quanta strada avevo percorso prima di giungere a quel muro? Quante volte mi ero smarrito? Spesso si impadroniva di me la sensazione d'aver camminato invano attraverso i tortuosi corridoi di un labirinto. D'aver camminato

302

anni per non giungere in nessun luogo. Il mio cerchio si chiudeva nel punto in cui era cominciato. Un cerchio che aveva abbracciato uomini e cieli in un'unica grande volta. Per un istante mi sembrò che l'intera mia esistenza si condensasse nell'inconsapevole attimo di un respiro. La barca che portava Longomontano scomparve all'orizzonte, dentro alla foschia e al bagliore del giorno. Rammentai il mattino remoto in cui, ragazzino, scorsi la barca di Tycho prendere corpo dalla bruma, avvicinarsi per la prima volta all'isola. Il ricordo affiorò come un tizzone dalla cenere.

Scostai il panno e guardai il *perspicillum,* sfiorai le lenti ricurve, il cilindro di metallo. Un oggetto apparentemente ordinario che da solo aveva riformato l'astronomia antica, come avrebbe voluto fare Tycho. Lo ricoprii.

Longomontano aveva ragione. Avevo il *perspicillum*, non potevo non usarlo.

# XXIX

*Mi piace ricordarmi su quante muraglie
ho dovuto brancolare nelle tenebre della mia
ignoranza, prima di trovare la porta che conduce
alla luce del vero.*

GIOVANNI KEPLERO
Mysterium Cosmographicum, seconda edizione

Preparai ogni cosa con cura. Prima di accostare l'occhio, studiai il *perspicillum* debitamente montato, accarezzandolo in ogni sua parte, cercando di carpirne i segreti.

Infine mi decisi e mi avvicinai all'estremità del tubo.

Le gambe mi cedettero e mi ritrovai a terra. Stordito, fissai lo strumento puntato contro il cielo. Come un'arma che avesse funzionato al contrario, mi aveva trapassato il petto. Non riuscivo a capacitarmi di ciò che avevo visto. Mi rialzai e titubante riaccostai l'occhio. Di nuovo, davanti a me si spalancò l'inimmaginabile. In un istante roghi inesauribili di stelle si moltiplicarono dietro le lenti e invasero il *perspicillum*. Innumerabili e sconosciuti astri risplendettero nel buio del cielo emergendo dal nulla. Miriadi di nuovi lumi annullarono ogni mio pensiero, annientarono ogni mia convinzione. Nel cielo erano comparse stelle in un numero tale che mai sarei riuscito a catalogare, né con gli strumenti in mio possesso né con gli anni che l'Onnipotente, nella sua sconfinata e imperscrutabile saggezza, mi avrebbe concesso ancora.

\*

Mi ritrovai a precipitare dentro un baratro trasparente, sbalzato nel vuoto dalla visione che mi si era dispiegata innanzi. Se le previsioni dei copernicani erano corrette, le dimensioni del cosmo erano molto maggiori di quanto ogni calcolo, accettabile razionalmente, lasciasse supporre. Le pareti rassicuranti dell'universo tychonico si erano spalancate, lasciandomi tra le fauci del nulla. Ingenuo, arrogante, avevo preteso di catalogare ciò che non era catalogabile, ciò che rappresentava un pallido riflesso della misteriosa volontà divina e non la sua umana interpretazione.

Longomontano pensava che avessi diritto di conoscere la verità, ma la verità aveva un sapore che impastava la bocca, che cancellava ogni speranza dalla mia vita.


Caddi preda di una smania irrefrenabile: volevo vedere tutto, volevo che il mio sguardo si saziasse con l'universo intero, volevo che i miei occhi si spingessero dove nessun occhio umano si era mai spinto.

La mia vista si consumò dentro le gelide distese del nero cosmico. I miei occhi si asciugarono al contatto con le polveri cangianti che condensavano attorno alle code delle comete. La smania non mi lasciava requie. Trascorsi notti interminabili a perlustrare la Via Lattea, inseguendo greggi di stelle d'argento e bioccoli lanosi spersi nel cielo immenso. Con le membra intorpidite dal gelo, mi soffermai sulle circonvoluzioni di Marte, sull'alone rossastro che lo avviluppava. Trascurai l'orto e gli animali, dimenticai di nutrirmi. Dormivo quando il sonno mi vinceva. La poca salute che ancora mi restava, si guastò. Ma quasi non ne ebbi percezione. Dal principio del tramonto all'alba mi dedicavo alle osservazioni, attraversando come una saetta le ore della notte. I primi chiarori del mattino mi trovavano aggrappato con tutte e due le mani al corpo del *perspicillum*, esausto.

Seguii le fasi di Venere, che si distribuivano ordinatamente durante le elongazioni dell'astro attorno al sole, e i pianeti, che Galileo aveva definito medicei, alternarsi attorno alla mole di Giove. Perlustrai le prominenze e gli avvallamenti della luna e i perimetri delle città costruite dai suoi invisibili abitanti, immerse nell'ombra liquida di montagne circolari; esaminai la terra bianca dei canali scavati da quegli esseri misteriosi per far defluire verso bacini di raccolta sotterranei la poca acqua del loro mondo.

Niente aveva più limiti, niente aveva più confini. Anche il Regno di Dio, che era parso tanto prossimo all'uomo dietro la trasparenza dell'ottava sfera, era stato allontanato dal luogo che aveva occupato per secoli. Non più angeli a mettere in moto le sfere dell'universo, non più sfere, non più certezze. Tutto era crollato. Nessuno avrebbe più potuto redimermi dalla solitudine che mi era stata scagliata addosso come una maledizione infernale. L'eterno silenzio di quegli spazi sconfinati, di quei campi deserti dove pasceva il nulla, mi atterrì. Se l'universo era infinito, c'erano infiniti mondi e infiniti esseri, e la corruzione e il peccato e la redenzione, che dall'inizio dei tempi avevano segnato la storia dell'uomo sulla Terra, perdevano valore dinnanzi a quella visione immane e terribile che mi teneva prigioniera la mente.

L'edificio della mia esistenza crollò. Fu il colpo definitivo che si abbatté sul mio capo. Nel volgere di una notte abbandonai l'osservazione del cielo e, oppresso dalla frustrazione e con gli occhi ciechi di lacrime, spaccai il *perspicillum* in cento pezzi. Poi presi il mio pagliericcio, lasciai la cucina e mi ritirai nel sotterraneo, dove era stato il laboratorio alchemico. Le bocche vuote dei forni mi accolsero con il nero ghigno della loro desolazione. Ero fuggito dal cielo per strisciare nel ventre della terra, come se le tenebre rappresentassero l'unico riparo che mi restava. Mi sistemai come meglio potei. Mi ero rinchiuso in una prigione angusta, ma non mi sentivo prigioniero. Sottoterra, con un solido soffitto di pietra sopra la testa, entro i confini certi di muri ammuffiti, recuperai la sicurezza che mi aveva trasmesso l'universo di Tycho. Quel mondo artificiale potevo conoscerlo nella sua interezza, non aveva scomparti segreti o angoli inesplorati che sfuggissero alla mia comprensione. Ancora, nella mia vita, mi trovavo a ricominciare da un cumulo di detriti.

Nel buio della cella che segnava i nuovi confini del mio universo e della mia vita, iniziai a riavvicinare i lembi sfilacciati delle memorie. Il tempo non mi mancava. Passai in rassegna fantasmi che avevo spinto nell'ombra. Erano troppi perché ne potessi ignorare l'esistenza, perché il loro fiato non mi contagiasse. Così mi misi a raccontare le loro storie, che si intrecciavano alla mia formando un groviglio impenetrabile. Fu quella la nuova foresta in cui mi spinsi, il mio nuovo cielo. Ero tornato giullare, quello che allietava controvoglia la mensa di Tycho. Nel buio i racconti procedevano senza riferimenti, non si orientavano, riannodavano i propri fili per istinto, per intuizione primitiva. Al buio ricordavo senza catalogare, senza ordinare, dimenticando la sapienza che avevo ereditato da Tycho. Non me ne importava. Ero un uomo che non aveva più niente in cui credere e per cui lottare. Lasciai che il passato scorresse nelle mie vene, che il tempo refluisse secondo successioni differenti, imposte dalla casualità con cui la memoria aveva trattenuto i suoi avanzi. Anche il buio, in fondo, aveva le sue gradazioni; mi mancava solo l'abitudine a coglierle.

# XXX

*Misuravo i cieli, adesso misuro le ombre
della terra. Lo spirito era celeste,
qui giace l'ombra del corpo.*

Epitaffio sulla tomba di GIOVANNI KEPLERO

Dove abita Dio? Una volta era così vicino, dietro la curvatura impercettibile della sfera delle stelle fisse, pronto a soccorrerci o a punirci, pronto a dispensare le sue parole ammonitrici. Adesso, invece, in quale luogo lo abbiamo esiliato? Esiste un Dio adatto a questo universo, oppure ce ne dovremo inventare un altro? Sostituirlo con un numero, con una misura, con una nuova sostanza? Un universo regno del nulla è l'inferno peggiore che ci potesse capitare.

Il mondo, così come l'ho imparato, così come è stato insegnato per secoli, non esiste più. Il velo si è squarciato e una luce irriverente ha invaso la scena, diradando la tenebra nella quale si annidava il mistero. In fondo, anche Tycho cercava questo. Ma abbiamo pagato un giusto prezzo? Era questo ciò a cui lui aspirava?


I miei pensieri hanno il passo di chi non va lontano e la monotona rassegnazione di chi non sa dove andare. Non c'è ragione perché me ne disperi. Non ora che tutto è mutato, che ogni valore è stato sovvertito, che l'impura mutevolezza del mondo sublunare è straripata e ha invaso l'universo, stravolgendolo. È come se gli inferi avessero spalancato le loro porte e liberato schiere di demoni che hanno portato un invisibile caos. Nude stelle in un nudo cielo disperse osservano il mondo indifferenti alla sua sorte. Niente ha più importanza, niente ha più rimedio. Non è bastato osservare i fenomeni, descriverli con minuzia, perché i fenomeni sanno nascondersi. Le cose non sono come appaiono, l'apparenza è solo un abito che copre l'inganno. Credevamo di stringere tra le mani il segreto dell'universo, invece era solo uno scrigno vuoto che ci siamo tramandati per secoli.

Sento Hans che mi chiama. Non gli rispondo. Depone la sua inutile elemosina davanti alla soglia e si allontana; la sua arroganza termina sulla porta, dove viene meno anche il suo finto coraggio. Non scende qui sotto nemmeno per controllare se sono morto. Quando vedrà che non salirò a prendere il suo cibo, ordinerà di demolire anche questa ala della casa, seppellendomi tra le sue macerie. Non riesco a immaginarmi sepolcro migliore. Se chiudo gli occhi mi capita sovente che si ricomponga il viso di Magdalene, le sue mani bianche sporche di terra, le gote arrossate. A volte desidero che la morte mi sorprenda con l'immagine di lei impigliata nei miei pensieri.

Ho misurato la lontananza che ci separa dalle stelle, e ora misuro le ombre che si disegnano nel labile bagliore della mia mente. Ho visto spazi che un uomo non riuscirebbe a percorrere nemmeno in una vita e quantità che nessun numero è in grado di esprimere, eppure non sono giunto in nessun luogo, non ho conclusioni da presentare. Esistono grandezze che sfuggono al rigore delle nostre conoscenze. Nessuna bilancia può pesare l'amore o il dolore che siamo in grado di sopportare, nessun regolo può calcolare la distanza che ci divide dai giorni delle nostra infanzia. Il tempo è una vasca che non si riempie mai. Gli anni si succedono con cadenza inevitabile, sono impronte impresse nel vuoto trasparente della strada.

L'ultima candela si è consumata quasi per intero, la luce si fa fievole e le tenebre incombono con la loro schiera di fantasmi. Non li temo. Ho imparato da tempo a rispettare la loro muta compagnia. So che si adunano nel buio perché il buio è fatto di respiri come i muri sono fatti di mattoni. Scarti di fibre abbandonate, rilassamenti del legno e cigolii di tubi dilatati sono la materia di cui si compone ora il palazzo. Solo l'isola continua a mantenersi salda, le correnti lambiscono la sua costa senza corromperla e le maree non riescono a trascinar via il suo cuore intatto. La luce del tramonto lungo le falesie sembra non terminare mai, segue orizzontale la fine della terra e si perde dove l'acqua ha un breve risucchio. Certi luoghi sono adatti solo ai tramonti, appartengono al limite estremo delle cose, si collocano sul ciglio di notti lacere frenati da oscure paure.

L'aria della sera ha già dentro l'odore dell'inverno. L'odore della neve che verrà a tacitare il calmo dondolio dei ricordi. Il sangue è come una marea che percorre il corpo, si mischia al flegma e ad altri umori, penetra nella carne e la asciuga o la colma. Vi sono parti nel mio corpo che hanno cessato di funzionare e hanno smesso di servirmi. Gli occhi, per primi. Arriva un momento in cui ci si stanca di vedere, in cui ci si stanca di ogni cosa. Non me ne rammarico. Ormai conosco il rumore della pietra quando è lavata dall'acqua e la nota che l'erba produce quando è agitata dal vento. Conosco i colori ardenti del tramonto, il blu e il grigio delle onde asso- pite dal gelo, il viola che sale dai sudori della rugiada e il cri- stallo del cielo dopo la pioggia torrenziale d'agosto. Alzo lo sguardo e intravedo le volte annerite di un soffitto di pietra. Il mio cielo. Un cielo finto e immobile. Esistono cieli che lo sguardo non coglie e le dita non raggiungono, cieli che si concedono solo nell'estremo istante della morte. Solo le stel- le mi sopravviveranno, perché non hanno mai perso la loro luce, perché la loro luce è senza memoria.

Tutto tace. Gli occhi mi dolgono. Le stelle e i ricordi li hanno rovinati. Tossisco. È una tosse che rammenta quella che uccise mia madre. Che altro scrivere? Tutto è compiuto, la candela si spegnerà e rimarrò al buio. Rimarrò in silenzio. Mi sdraierò sul pagliericcio senza più parole. Ho un lungo viaggio da affrontare e non voglio farmi trovare imprepara- to. Correvo bambino tra i campi di segale, lungo le strade di quest'isola, non molto tempo fa. Dolce è morire sapendo di non lasciare strascichi che altri debbano completare.

*Dietro le quinte*

Pur attenendomi agli avvenimenti, per ragioni di opportunità narrativa in alcuni episodi mi sono discostato lievemente dalla realtà storica, ma si tratta di particolari.

Le notizie storiche riguardanti Jep – anche Jepp o Jeppe – sono scarse ma tutte concordanti: sedeva a terra accanto a Tycho durante le cene, riceveva il cibo da lui, allietava i commensali facendo il buffone ed era dotato di non ben precisati poteri che Tycho, superstiziosamente, teneva in grande considerazione.

Dopo la partenza e la successiva morte di Tycho, le pietre del palazzo di Uraniborg furono utilizzate per costruire nuove fattorie. Uno di queste, Kongsgaarden, sorta al posto della fattoria nella quale al principio l'astronomo aveva abitato, è sopravvissuta per un paio di secoli.

Pierre Gassendi, il primo biografo di Tycho e di altri scienziati dell'epoca, visitò il sito nel 1647 e lo descrisse come un campo deserto. Nel XIX e nel XX secolo sono state avviate campagne di scavi che hanno portato alla luce i resti di Stjerneborg e della cartiera.

Sull'isola di Hven esiste attualmente un museo. Parte dei giardini rinascimentali e dei bastioni orientali sono stati ricostruiti, mentre una siepe delimita l'antica pianta della casa. Sono stati trovati anche alcuni resti dell'edificio nel quale alloggiava la servitù, presso l'angolo settentrionale dei terrapieni.

*Ringraziamenti*

La scrittura è un'attivita solitaria. A lavoro ultimato però ci si accorge di aver interagito con molte persone, ciascuna delle quali ha contribuito nel proprio piccolo a migliorare l'opera. A tutti loro vada il mio grazie. E che a nessuno venga in mente di non meritarlo. Gianni e Vito per le lunghe discussioni, Anna, Ercole, Christian, Daniela, Alessandro, Mauro per la paziente lettura del manoscritto, la mia agente Roberta per l'entusiasmo, Stella per il lavoro di editing e tutto lo staff di Cairo per la cura con cui ha accompagnato il libro alla stampa.

Un ultimo grazie ai miei genitori e a mia moglie, Alessia, lettrice attenta e critica; senza lei forse non avrei continuato a scrivere.

Finito di stampare nel gennaio 2007
presso Niiag-Arvato Print Italy (Bergamo)